KB265199

웨슬리안 리더십

LEADERSHIP IN THE WESLEYAN SPIRIT
by Lovett H. Weems, Jr.

Leadership In The Wesleyan Spirit

웨슬리안 리더십

러벳 H. 웜즈 지음 · 원종국 옮김

kmc

역자서문

이 시대의 각 분야에서 화두로 떠오른 용어가 있다면 그것은 ‘리더십’이라고 해도 잘못된 판단은 아닐 것이다. 리더십에 대한 서적이 정치, 경제, 사회, 교육, 종교, 군사 등 각 분야에서 홍수같이 쏟아져 나오는 것은 바로 이 시대를 이끌어 가는 중요한 관건이 지도자의 리더십이라는 말이 아니겠는가? 교회 역시 교역자나 평신도를 불문하고 리더십에 갈증을 느끼고 있다.

21세기 교회의 중요한 문제가 바로 리더십이라는 예리한 통찰력으로 러벳 윔즈는 이 책을 집필하였다. 그는 교회에서의 지도력 문제를 연구하면서 “웨슬리안 영성에 나타난 리더십”에 초점을 맞추었다. “현대 교회의 리더십 연구는 과거의 웨슬리안의 영성과 전통으로부터 무엇을 배울 수 있을까? 과거의 웨슬리안 영성이 현대목회 사역에 대한 비전을 발견하려는 중요한 작업에 어떠한 기여할 수 있을까?”라는 질문을 던지며 이야기를 총 3부로 구성하였다.

제1부에서는 웨슬리안 영성에 나타난 리더십의 원칙을 다루었다. 웨슬리안 영성에서 리더십의 원칙은 ‘사람들’을 중요시한다는 점이다. 그래서 사람들과 함께 시작하고, 사람들을 따르고, 사람들을 섬기고, 특별히 가난한 사람들을 기억한 초기 웨슬리운동의 정체성과 원칙들을 탐구한다.

제2부에서는 웨슬리안 영성에 나타난 리더십의 실제를 다루었다. 삶

의 중심부의 가장자리에서 보여 준 웨슬리 리더십의 실제를 설명하는 한편, 당시 서로 다른 사회적 지위를 가진 사람들이 긴장 속에 살면서 어떻게 상호 관련을 맺으며 결합하고 활동하였는지를 언급한다.

제3부에서는 웨슬리안 영성에 나타난 리더십의 열정을 탐구하였다. 저자의 큰 관심은 웨슬리 자신의 핵심적인 열정을 발견하는 것이었다. 그 핵심의 열정은 하나님을 아는 것, 오직 그리스도를 선포하는 것, 정의를 모색하는 것이었다.

이처럼 저자는 이 책으로 웨슬리 운동이 이룩한 영적 대각성을 발견하여 교회 리더십을 위한 비전을 갖도록 다시 선도하고자 한다. 따라서 이 책은 목회자와 평신도 지도자에게 웨슬리 정신에 입각한 리더십의 원칙, 리더십의 실천, 리더십의 열정을 위해 큰 도움이 될 것을 확신한다.

이 책을 위해 애써 주신 홍보출판국 · 도서출판 KMC에 심심한 감사를 드리며 감리교의 영적 대각성과 지도력 함양에 유익을 끼치기를 비는 마음이다.

2007년 1월
호반의 도시 춘천에서
역자 **원종국**

차례

들어가는 말

세인트 폴 신학교의 진 밀러 슈미트(Jean Miller Schmidt) 교수는 자신의 한 강의를 시작하면서 "우리의 최근의 세계는 종종 과거에 속해 있다."는 의미심장한 말을 하였는데, 이 말은 이 글의 시작에도 적절한 표현이라는 생각이 든다.[1]

현대 교회의 리더십 연구는 과거의 웨슬리안의 영성과 전통으로부터 무엇을 배울 수 있을까? 과거의 웨슬리안 영성은 현대목회 사역의 비전을 발견하고자 하는 중요한 작업에 무엇을 기여할 수 있을까?

비전을 새롭게 하려고 한다면 연속성과 변화, 이 두 가지가 모두 필요하다. 우리는 단순히 과거를 반복하려는 것이 아니다. 이러한 작업이 필요한 것은 과거의 성과들의 뒤에 감춰진 독특한 점을 찾아내 그 중에서 오늘날 우리가 배울 만한 것을 찾아낼 수 있기 때문이다.

그러나 오늘날 교회는 이미 그들이 오래 전에 효능을 잃어버린 과거의 틀(형식)을 계속해서 반복하려고 하는 잘못된 경향이 있다. 사람들이 어떤 틀이 처음 생겼을 때의 그 힘과 가치들을 이미 잊어버렸다 해도 그 과거의 틀은 여전히 존재한다.

린더 켁(Leander Keck)은 라이맨 비처 강좌(Lyman Beecher Lectures, 미국 예일대학 설교 강좌)에서 이러한 딜레마를 다음과 같은 말로 잘 묘사하였다: 그는 기성교단의 교회들은 "마치 집안에서 사는 법을 알지도 못하고 신경 쓰지도 않기 때문에 마당에서 야영하는 상속인처럼 행동한다."

고 주장하였다.[2]

우리가 하고자 하는 것은 이미 지나 버린 어떤 시간으로 다시 되돌아 가려는 것이 아니다. 웨슬리안의 원칙들과 실천과 열정에서 배울 만한 것을 찾으려는 것이다. 존 웨슬리의 예에서만이 아니라 웨슬리안 운동, 특히 초기 미국 감리교에서 그 예들을 찾는 것이다.

이러한 일은 단순하거나 감정적인 일만은 아니고, 규범적이며 신중한 시도다. 여기서는 존 웨슬리나 다른 지도자들을 우리가 사는 시대의 리더십을 위한 모델로 부가하려는 시도를 하지 않을 것이다. 존 웨슬리는 여러 가지 면에서 유능한 지도자 중의 한 사람이었다. 그는 감리교 운동의 창설자다. 특히 미국 연합감리교회는 규모로 볼 때, 그것만으로는 아주 중요한 평가 기준은 아니지만, 미국 내에서 가장 큰 교단이다. 그럼에도 다른 모든 운동의 지도자들처럼 웨슬리는 그의 개인적인 예 하나만으로는 제한된 리더십에 관한 지혜를 제공할 수 있을 뿐이다.

이러한 공헌이 웨슬리안 전통에만 유일한 것이라든지, 다른 전통들의 공헌보다 더 중요하다고 주장하는 것은 아니다. 넓은 의미에서 여기에는 어느 정도 독특한 특징들이 있을 것이며, 그것들은 모든 교회들을 위해 꼭 필요한 선물일 것이다. 웨슬리안들이 초대 교회의 무수한 전통에서 그랬던 것처럼 만일 다른 기독교인들이 이러한 통찰을 통해 유익을 얻을 수 있다면, 그러한 상호 관련적인 영향력은 웨슬리안의 영성 안에서도 매우 클 것이다.

여기서의 노력이 "웨슬리로 돌아가자"라든가 또는 리더십에 대한 편협한 교파적인 접근을 하자는 것은 아니다. 오히려 마틴 마티(Martin Marty)의 격언처럼, 웨슬리안의 주제들을 "선별적으로 회복하는 일"이며, 그것들을 우리 시대에 맞게 발전시키려는 것이다.[3]

1

웨슬리안 리더십의 원칙

제 1 장

사람들과 함께 시작하다

웨슬리안 영성에서의 리더십은 사람들과 함께 시작한다.
존 웨슬리에게 시작의 포인트는 항상 사람들과 그들의 필요였다.
웨슬리안 영성에서 다른 어떤 가치보다도 중요한 것은
하나님의 자녀들에 대한 통전적인 관심이다.
그것이 리더십의 결정과 행동을 위한 출발점을 제공한다.

"민중 신학자" 존 웨슬리

존 웨슬리는 "민중 신학자"로 불렸다. 이렇게 불리게 된 데에는 많은 요인들이 작용하였다. 그 중요한 요인 중의 하나가 웨슬리의 열정이다. 그는 모든 사람들의 현실적인 영적인 필요와 인간적인 필요는 서로 밀접한 관련이 있다고 확신하였다.

사람들과 더불어 시작한다는 것은 웨슬리 당시의 종교 지도자들에게 있어서는 일반적인 출발점은 아니었다. 이러한 차이가 웨슬리의 접근방법에서 크게 눈에 띈다. 교회에 나가는 것에 특별한 이유가 없는 사람들이나 자신은 전혀 교회를 갈 성향이 아니라고 생각하였던 사람들이 웨슬리에게는 진지하게 주의를 기울였다. 일반적인 사람들 -가난한 사람들, 노동자들, 교회를 다니지 않는 사람들- 은 기꺼이 그의 말에 경청하였다. 그들은 보기 드문 열광으로 웨슬리에게 환호하였다. 한번은 미남부의 작가 릴리안 스미스(Lillian Smith)가 웨슬리와 그의 동생 찰스, 그리고 감리교 복음전도자 조지 휫필드를 "평범한 사람의 비범한 영혼의 중요성에 대한 확고한 믿음으로 훨훨 타오르는" 사람들이라고 묘사하기도 하였다.[1]

웨슬리는 여러 면에서 그 당시에 상당히 소외된 사람들에게 다가가기 위한 하나님의 도구처럼 일하는, 그렇게 많지 않은 사람들 중의 하나였다. 그의 교육 배경 성품, 이 모든 것들은 그러한 선교적 과제에 부적합하였을지도 모른다. 그러나 웨슬리는 자신과는 매우 다른 사람들과 관계를 맺었다. 이전까지 복음을 전해 듣지 못한 많은 사람들이 그로 인하여 그리스도의 사랑을 알게 되었다. 사람들은 웨슬리에게서 그들을 보살피는 하나님의 신실한 종의 모습을 보았다. 웨슬리는 그들이 스스로의 눈으로 하나님의 사역이 무엇인지를 충분하게 볼 수 있게 그들을 보살폈다.

웨슬리안이 전하는 메시지의 내용은 중요하였다. 그러나 그것 하나만으로는 충분하지 않았다. 만일 이전에 교회의 복음이 미치지 않았던 사람들이 처음 메시지를 접하고 이것을 자신을 치유하는 메시지로 받아들이게 하려면, 무엇인가 더한 것이 필요하였다. 웨슬리는 사람들을 위한 보살핌을 나누었다. 그는 사람들과 함께 그들의 필요에서부터 시작하였다. 그의 신학은 항상 사람들을 위한 신학이었다.

웨슬리에게 교리는 하나님의 사랑, 지혜, 능력, 그리고 구속하심을 사람들과, 즉 그들의 필요라는 초점에 맞추어 연결시키는 것이라는 의미가 중요하였다. 사람들은 결코 교리의 대상물이 아니었고, 교리 자체를 확신시키기 위하여 존재하는 것이 아니었다. 사람들이 신학을 섬기는 것이 아니라. 신학이 하나님의 자녀들을 섬기는 것이었다.

웨슬리의 설교에 나타난 리더십의 원칙

웨슬리의 설교는 웨슬리안 리더십의 이러한 원칙을 가장 명확하게 설명해 주는 것 중의 하나다. 웨슬리의 본문들과 설교들은 장소에 따라 변화가 많았는데, 때로는 아주 극적이었다. 설교란 하나님의 말씀으로 사람들의 필요에 응답하는 것과 같다고 보았기 때문이다. 설교는 결코 고착된 "참된 교리"의 선포나, 청중의 동의만을 구하는 것이 아니었다.

웨슬리의 설교를 위한 출발점은 사람들과 그들의 필요였다. 그는 그들과 분리하지 않았고, 어떤 것이 참된 신학인지를 먼저 결정한 후 그것을 정보 중심으로 사람들에게 전한다. 그러고는 사람들이 "옳습니다, 동의합니다" 하고 말할 때까지 기다린다. 대신에 그는 설교 이후에 참된 교리 안에 있는 폭과 깊이를 파악하기 위하여 아주 진지하게 작업을 하였고, 각 모임 또는 집회에서의 사람들의 필요를 매 설교의 출발점으로 사용하였다.

그는 사람들의 필요를 하나님의 사랑에 연결하기 위한 가장 본질적인 단어를 복음의 풍성함으로부터 이끌어 냈다. 그것은 총체적인 단어도, 최종적인 단어도 아니었고, 사람들을 위해 처음 시작하는 단어였다.

웨슬리는 뉴캐슬이나 빌링스게이트에서처럼 자기 스스로를 하찮게 여기는 "빈털터리가 된 사람들"과 함께할 때에는, 그는 그들에게 용서와 은혜 그리고 사랑이라는 단어를 전하였다. 반면에 그는 클리프턴의 회중들처럼 부유하고 자기 만족감에 사는 사람들과 함께 있을 때는, 스스로 의롭다 하는 그들의 마음을 찌르는 다른 단어로부터 시작하였다. 모든 경우에 그는 사람들과 그들의 필요로부터 시작하였다.

웨슬리는 보통 사람들에게 냉랭한 교회를 거부하고, 단지 "평범한 사람들을 위한 평범한 진리"만을 설교할 뿐이라고 선언하였다. 신학에 대한 염려에도 불구하고, 웨슬리안들은 모든 사람은 하나의 심오한 방법으로 하나님을 경험한다는 사실을 그들의 가장 중요한 관심사로 여기고 있었다. 이것을 이루기 위해 그들에게는 "사람들을 감동시키는 특유의 언어(idiom)"[2]가 필요하였다.

청중을 위한 배려

웨슬리가 특별한 말솜씨 없이 능력 있는 설교자가 될 수 있었던 것은 청중에 대한 깊은 관심과 존중 때문이었다. 종종 수천 명의 사람들이 그의 설교들을 열심히 들었다. 한 역사가는 목격자의 증언에 기초하여, 웨슬리의 설교는 그가 대중 앞에서 설교를 행할 때, 웅변술에 있어서는 설교자 조지 휫필드와 같이 잘하지는 못하였지만, "간소한 동시에 장엄하다"고 묘사하였다. 웨슬리의 설교에는 그가 주위를 끌게 하는 그의 매너에서 보여 주듯 "하나님께로부터 물려받은 단순함"이 있다.[3]

우리 시대의 한 설교가는 설교에 있어서 "예의 바른 언어"를 강조한다. 예의 바른 언어는 청중들을 충분히 고려하는 것이며, 또한 청중의 자율을 존중하는 것이다. 예의 바른 언어는 강요의 반대다. 바바라 브라운 테일러(Barbara Brown Taylor)는 "설교를 간소하게 하는 것"을 실행한다는 것이 어떤 의미인지를 질문한다. ―이는 가장 간단한 언어로 적절한 제안을 하고, 또한 더럽혀지지 않은 언어의 영향력을 신뢰하는 것이라는 의미다.[4] 웨슬리의 설교가 그러하였다. 그는 설교 매너와 내용으로 청중을 하나님의 자녀로서 존중하였다.

미국 기독교의 민주화

우리는 사람들을 우선으로 하는 웨슬리안의 가장 강력한 예를 미국에서 찾을 수 있다. 역사가 윌리엄 워런 스위트(William Warren Sweet)는 "모든 부류의 사람들을 얻고자" 하는 감리교인들의 관심에 주목한다. 어떤 교파들은 그들의 최고의 목표를 그들과 배경과 조상들을 공유한 공동체들에 관심을 둔다. 한편 미국 감리교인들은 그들의 사역을 어떤 특정 계층이나 그룹을 위한 것으로 이해하지 않고, 빠르게 확장되는 서구 사회를 이끄는 모든 사람들의 관점에서 생각하였다.[5]

나단 해치(Nathan Hatch)는 18세기 미국 복음주의의 독특성을 "사람들과의 확고한 동일시"로 본다. 그는 웨슬리안 리더십이 "미국 기독교의 민주화"에 기여한 여러 면들을 주목한다. 다른 교파들은 "진리를 명확히 설명하고 보호하며 거대한 조직을 일구어 내는 것"에 초점을 맞추었다. 그러나 감리교인들과 같은 복음주의자들은 순수한 복음만을 전달하는 데 열정을 쏟았다. 그들은 복된 소식을 모든 부류의 사람들에게 간단하고 명확하게 선포하였다.[6]

효율 없는 덕은 쓸모없다

조금만 살펴보면 웨슬리안 영성의 리더십은 참된 개념이나 순수한 가치를 훨씬 뛰어넘는다는 사실이 명백해진다.

20세기 초 조직 생활에 관한 글을 쓴 여성 작가, 매리 파커 폴레트(Mary Parker Follet)는 개인적인 정직이 그의 인생의 의무를 소진시키지는 않는다고 주장하였다. "효율적인 생활"이 우리에게 필요하다. 어떤 "고립된 정직"도 우리에게 사회적 효율성을 선사하지 않는다. 그녀는 "우리가 다른 세상의 문에 올라가 '나는 정직하게 살았다. 나는 순결하게 살았다. 나는 근면하게 살았다.' 고 외친다 해서, 어떤 천상의 문지기도 그것 때문에 우리에게 문을 열어 주라고 명령하지 않을 것이다."라고 말한다. 그 대신에 우리는 "너는 네가 상속받은 세상을 아름답게 만들기 위해 네가 가진 자질들을 어떻게 사용하였는가? 여기에서는 효율 없는 덕을 원하지 않는다. 개인의 순결과 정직, 그리고 개인의 성장이라는 죽 그릇 때문에 너는 네 유산을 팔았단 말인가?"라는 말을 듣게 될 것이다.[7]

효율적인 리더십은 비록 이데올로기의 가치가 리더십에 절대 필요하다고 하더라도, 어떤 고정된 이데올로기로부터 시작하지 않는다. 리더십은 사람들과 함께 시작한다.

나는 1960년대에 마틴 루터 킹 2세(Martin Luther King, Jr.) 목사가 그보다 몇 년 전에 앨라배마의 몽고메리에 있는 덱스터 애비뉴 침례교회 목사로 있을 때 선포하였던 설교들을 읽고 놀랐던 것을 기억한다. 나를 놀라게 한 것은 설교 내용이 아니라, 그가 설교를 위하여 KJV(King James Version) 성서를 사용하였다는 사실이었다.

우리는 그 당시에 거의 모든 "교육 받은" 성직자들은 고집스럽게 RSV(Revised Standard Version) 성경을 읽었던 시대라는 것을 기억해야 한다. RSV는 그 당시 훌륭한 번역이었을 뿐 아니라, 근본주의자들로부터 과격한 반대에 직면해 있었다. KJV 성서 읽기를 거부하는 것은 양극단으로 나누어진 그 당시의 상황에서 양식 있는 성직자들에게는 거의 하나의 신조와 같은 것이었다. 킹 목사가 KJV 성경을 읽었다는 사실은, 그가 그 당시 사회가 직면한 보다 중요한 문제들을 이해하였던 목회자였다고 이해하는 데 도움이 되었다. 킹 목사는 다른 사람들이 그를 어떻게 생각하는가 보다는 특정한 회중을 위한 효율적인 사역에 더 많은 관심을 갖는 한 목사의 모습을 보여 주었다. 그는 그의 군중과 함께 시작하였다.

이러한 웨슬리안 리더십의 차원은 신학으로부터, 즉 신학이 자기 자신을 위하여 장사를 하고, 사람들과 그들의 필요와 무관하고 무책임하게 되는 신학으로부터, 우리를 구해 준다. 이것은 우리가 사람들이 메시지를 어떻게 경험하거나 또는 듣는가에 관해서는 거의 상관하지 않고 다만 내용에만 많은 주의를 기울이는 그런 설교를 선호하는 것에 경고를 줄 수 있다. 이것은 우리가 특별한 때와 장소에서 신실한 관심을 눈물로 호소하는 실질적인 필요들보다도 지도자의 목표와 가치에 더 주목하는 리더십으로부터 우리를 떼어 놓게 한다.

"하나님께서 우리에게 주신 사람들"

이러한 웨슬리안 모델은 오늘날 많은 지도자들이 리더십의 출발점으로 자기 자신에 몰두하는 것에 저항하게 한다. 리더십의 출발점은 "나의 스타일, 나의 이야기, 나의 비전, 나의 필요들, 나의 가치들"이 아니다. 마틴 니묄러(Martin Niemoeller)의 표현을 빌리면, 웨슬리안 영성 안에서의 리더십 사역의 출발점은 "하나님께서 우리에게 주신 사람들"이며, 또 우리가 새로운 창조를 가져온다고 믿는 복음이다.

어떤 한 여성목회자가 교세 확장을 하는 중에 동료에게 자기가 사는 지역의 같은 교단의 세 교회에 관하여 말하였다. 그녀는 한 교회는 훌륭한 설교와 훌륭한 음악으로 모든 것이 "고상하고 고양되었다."고 하였다. 또 다른 교회는 하나의 대가족과 같았다. 그리고 마지막 교회에서는 무슨 일이 일어나고 있는지조차 파악하기가 어렵다고 하였다. 그녀의 동료는

"당신도 앞으로의 목회 여정에서 아마 이러한 세 가지 유형의 교회 목회자가 될 것이다."라고 대답하였다. 이 목사는 이러한 세 가지 유형의 교회와는 서로 다른 온갖 형태의 교회들이 있는 현장에서 효율적인 목회를 하기 위해서는 리더십의 기량을 개발해야만 한다.

리더십을 자기중심에서부터 시작할 때, 한 가지 리더십의 역할에서 또 다른 리더십의 역할로 변화하기란 매우 어렵다. 그러나 처한 상황에서 사람들과 함께 리더십을 시작한다면, 많은 것들이 하나의 리더십의 역할에서 또 다른 리더십의 역할로 변화할 수 있다. 우리는 30년간 어떤 설교가들의 사역을 계속 따라가 볼 수 있다. 그런데 단 한 가지도 결코 변하지 않는 것을 볼 수 있다; 심지어 보고서에 있는 간격이나 별표들조차도 변하지 않으려고 할 것이다. 30년 넘어 전 세계는 변화를 거듭해 왔다. 그러나 그들은 변하지 않았다. 그들이 목회의 출발점을 하나님께서 우리에게 주신 사람들과 그들의 상황에 두는 대신에, "나의 가치와 나의 생각"에 두기 때문이다. 상황이 출발점이 될 때, 목회는 더 많은 변화와 호기심, 그리고 역동적인 방향으로 발전한다.

민중의 지도자들

웨슬리안 영성에 나타난 지도자들은 민중의 지도자들이다. 이러한 지도자들은 순수하게 사람들을 사랑하기 때문에 그 사람들과 그들이 필요한 것들과 함께 사역을 시작한다.

내가 목회자였을 때 그 지역에 더 신실한 교회와 더 포용적이고 정의로운 공동체에 대한 비전을 공유하고 있는 한 부류의 사람들을 알았다. 직면한 문제들에 대한 그들의 생각은 인상적이었다. 그들의 변화에 대한 생각은 온전한 이해에 근거하였다. 목회자의 생활은 때로는 고독할 수 있는데, 특히 논쟁적인 문제들이 위기에 처하게 되었을 때 그렇다. 이러한 때에 내가 경험하였던 것처럼 당신의 소망과 꿈을 공유하는 단 몇 명만이라도 찾을 수 있다는 것이 위안이 된다.

불행히도, 나는 사람들이 신앙 때문에 발생한 분쟁에서 막상 행동해야 할 때에는 나타나지 않음을 거듭 보아 왔다. 한번은 내가 그들이 나타나지 않는 것에 대해 염려하였더니, 한 친한 친구는 "그들은 사람들보다 문제들을 더 사랑하고 있어."라고 통렬하지만 적절한 반응을 보였다.

오늘날 자유주의자들과 보수주의자들이 "문화 전쟁"을 일으켜 치열하게 싸우고 있는 동안, 많은 이들이 사람들보다는 문제들을 더욱 사랑하고 있는 것 같아 보인다. 교회를 둘러싼 논쟁과 알력 그리고 종교 지도자들 간의 공개적이고 쓸모없는 말다툼은 충격을 감추고 교회와 대부분의 사람들 사이의 더 멀어져간 간격도 감춘다. 모든 교회와 교단 그리고 신학에는 추종자들이 있다, 그러나 그곳 어디에 모든 사람들을 위한 열정적인 관심이 있는가? 특히 우리처럼 메시지에 자연스럽게 이끌려 나온 이들을 넘어서서는 관심 말이다.

영적 질병과 재정적인 고통

로버트 위스노우(Robert Wuthnow)는 오늘날 아주 다양한 면모로 나타나는 "재정적 재난"의 서술에서 현재 교회들의 이러한 딜레마의 결과를 끄집어낸다. 그는 여러 교단과 교회들을 망라하여 겪고 있는 이러한 재정적인 갈등을 발견하였다. 그러나 재정적 도전처럼 나타나는 이것은 실제로는 더 근본적인 영적 위기 증상이다. 그래서 그는 그의 책 제목을 그가 보는 문제와 같이 「교회 안의 위기: 영적인 불안, 재정적 재난」이라고 이름을 붙였다.

위스노우는 대부분의 영적인 위기는 그들의 지역 교회를 섬기고 있는 사람들의 투쟁을 이해하지도 못하고 또 그들과 동일시하지도 않는 지도자들에게 있음을 발견한다. 정의구현의 노력에 열심인 많은 지도자들은 교인들의 억눌린 영들이 해방되어 다른 사람들이 필요한 것에 적극적으로 참여할 때 그들의 노력이 최상의 성공을 거둔다는 것을 발견한다. 교인들이 자신의 상처를 소홀히 여기는 것은 그들 사이에 이미 존재하는 균열을 더욱 확대시킬 뿐이다. 교인들은 그들 자신의 양육과 갱신을 위해 어디든 다른 곳으로 가야 하는데, 교회는 결코 자신을 변화시키는 위치에 서려고 하지 않는다.

때문에 위스노우는 교회들의 물질 문제들은 "교인들의 돈지갑보다는 그들의 마음에 있으며, 목사가 교회 예산보다는 그들의 인생 욕구와 필요를 이해하느냐."에 달려 있다고 말한다.[8]

키르크 헤더웨이(Kirk Hadaway)와 데이비드 루젠(David Roozen)은 개신교를 주류에서 벗어났다고 설명한다. 여기서는 수백만 명의 평범한 미국인들의 관심사가 최고가 아니다. 한때 교회들에게 마음의 영향을 받았던 "모든 부류의 사람들" 중의 많은 사람들은 이제 더 이상 현재가 아니다. 웨슬리안 신앙 운동의 마음과 영혼을 대변하던 많은 사람들은 이제 더 이상 교회들 안에 존재하지 않는다. 이들은 그들이 존재하는 모습대로라면 "우리 가운데 있으나, 우리와 함께하지 않는" 사람들이다.[9]

신실하고 효율적인 웨슬리안 리더십은 하나님께서 우리에게 주신 사람들, 바로 그들과 함께 시작하는 것이다.

사람들을 따르다

웨슬리안 영성에 나타난 리더십은 사람들을 따르는 것이다.
그러므로 사람들이 있는 바로 그곳에 사역이 있다.

"사람들을 따르라"

워터게이트 정치스캔들을 조사하는 동안 "깊은 목구멍(Deep throat)" 이란 이름으로 알려진 신비스런 비밀정보 제공자는 저널리스트 칼 번스타인(Carl Bernstein)과 밥 우드워드(Bob Woodward)에게 "돈을 따르라"고 충고하였다. 오늘날 이러한 구상은 종종 정부 조사의 핵심에 이르는 법을 묘사하고 있다. "돈을 따르라"는 말은 교회에도 유혹이 될 수 있지만, 웨슬리안 영성에 입각한 지도자들은 "사람들을 따르라"는 초기 주제에 유념하는 것이 좋을 것이다.

초기 미국 감리교인들은 도시에 머물러 있을 수도 있었다. 바로 그곳은 그들의 회중교회 목사와 다른 사람들이 남아 있던 곳이다. 많은 요소들이 그러한 결정을 지지해 주었다. 그곳은 대부분의 사람들이 사는 곳이었지만 상황은 바뀌어 있었다. 프랜시스 애즈베리(Francis Asbury)와 다른 사람들은 감리교인들이 도시의 편안한 삶에 머무르려고 할까 봐 염려하였다. 그들에게 필요한 것은 새로운 나라였던 서부에 거주하기 위하여 낯설고 힘든 땅으로 이사해 온 사람들을 따르는 것이었다.

시골 전략

감리교인들은 전통적으로 살아온 도시들에 머무르지 않고, 사람들이 이주하는 곳으로 가기로 하였다. 역사가 나단 해치가 지적하듯이, 애즈베리는 국가가 확장하고 있을 때 "인구가 드문드문 사는 지역에 전문적으로 다가서는 독특한 시골 오리엔테이션(rural orientation)"을 개발하였다.[1]

그래서 사람들의 이동에 따라 "파송" 사역이 뒤따랐다. 애즈베리는 이 계획이 교회가 없는 시골로 복음을 가져가는 데 꼭 필요하다고 믿었다. 초기 미국 감리교인들은 "교구"라는 개념을 확대하였다. 이제는 좁은 지역 경계선 대신에 "일 년에 얼마나 멀리 사람과 말이 이동할 수 있는가"에 따라 "교구"가 결정되었다.[2]

많은 사람들이 이러한 초기 역사에서 중요한 교훈을 놓친 채 "파송 선교"에 관한 토론에서 누가 임명을 하며 "적절한" 협의는 무엇인지에 초점을 둔다. 물론 중요하고 필요한 질문이다. 그러나 그 해답은 이러한 선교 조직의 근원이 되는 원래의 선교 정신에 굳이 충실하지 않아도 가능하다. 여기서 중요한 교훈은 보내는 "목적", 즉 사람들이 가는 곳에 그리스도의 이름으로 섬기러 가는 것이다.

해치는 "순회 설교자"와 함께 초기 미 감리교가 성공한 또 다른 열쇠는

"나라의 구석구석으로 뻗어 나간 그들의 아코디언과 같은 힘(아코디언 악기의 주름살이 펴지듯 – 역자 주)"이라고 지적한다. 애즈베리는 사람들이 가는 곳으로 가기로 결심하였다. 해치에 따르면 "애즈베리의 순회 지도는 활동하는 교인들보다는 잠재적인 교인들을 고려한 것으로 보인다."[3) 모든 사람은 사랑과 구원, 봉사의 사역이 필요한 하나님의 자녀들이다.

이러한 선교 전략은 효과가 있었다. 시스템은 그 당시 상황과 잘 맞았고, 결과는 정말 감동적이었다. 그 후 몇 십 년에 걸쳐 감리교는 미국 역사상 가장 빠른 교회성장의 본보기를 제공하였다. 비전, 용기, 희생에 놀랄 만한 시범을 보인 웨슬리안 영성에 입각한 이 지도자들은 국가의 모든 구석구석에서 눈에 띄게 이 운동을 이끌었다. 감리교가 다른 교파들보다 더 커지게 된 것은 물론, 국가의 모든 지역을 대표하는 최초의 교단이 되었다.

누가 이 밖에 무엇을 더 기대하겠는가? 이러한 결과를 이끌어 낼 수 있는 모든 종합적 요소들이 거기에 들어 있었다. 지도자들은 그리스도께 향한 최고의 헌신을 몸으로 보여 주었다. 그들의 동기는 그들의 메시지가 영원한 결과를 가져온다는 확신 때문이었다. 그들은 사람들에 대한 웨슬리의 열정을 함께 공유하였다. 더욱이 그들은 사람들이 있는 곳에 스스로 솔선해 가는 계획을 가지고 있었다.

시골에서 편안함을 느끼다

이처럼 우리는 초기 미국 감리교회에서 그 당시 이동 인구 동향에 기초한 긍정적인 시골 전략을 발견할 수 있다. 또 여기에는 이렇게 더 열정적으로 시골에 초점을 두었던 전략 외에 적어도 그 당시 그들에게 긍정적으로 작용하였던 또 다른 요소가 있었던 것 같다. 감리교인들은 시골 환경을 그들의 고향처럼 편안하게 느낀 것 같다. 그들은 외관상으로는 그와 같은 지역에서 더 성공을 거두었다.

도시에서의 적극적 선교 활동과 생기는 미국 웨슬리안 운동의 초기부터 있어 왔다. 미국 감리교인들은 그들의 영국적 유산으로부터 도시선교의 예를 잘 알고 있었다. 그러나 도시 생활과 그곳에서의 수고에 관하여는 어떤 애매한 것이 있었다는 몇 가지 징후가 있다.[4]

몇몇 교회회의의 역사들에서 이러한 태도들이 드러난다. 델라웨어, 메릴랜드, 그리고 버지니아 주의 한 지역인 델마버 반도(The Delmarva Peninsula)는 미국 내에서 웨슬리안의 존재와 영향력이 가장 오래되고 강한 지역 중 하나다. 웨슬리안의 증인들로부터 기인한 많은 상이한 교파적이고 역사적인 전통들이 이 지역에 존재하였다.

그들 중 많은 지역 공동체들이 연합 감리교회 내에 계속해서 이러한 역사를 생생하게 모범으로 보여 준다. 오늘날 각각의 연합 감리교회들이 서로 서로 매우 가까이 위치해 있는 것을 보게 되는 것은 이상한 일이 아니다. 우연한 관찰자에게 별 의미가 없는 것이 역사학도에게는 이해할 수 있는 일이다. 한때 이 지역에서는 강하게 등장하였던 사실상의 모든 역사적 전통이 지금 연합 감리교회에서 다시 나타나고 있다.

역사가 윌리엄 헨리 윌리엄스(William Henry Williams)는 이 지역의 초기 감리교의 일상을 기록하였다. 감리교는 변두리에서 자신에 대한 가장 많은 지지를 받았다. 다른 도시에서도 그랬지만, 감리교가 시골에서 강하게, 또 계속해서 성장할 수 있었던 것은 바로 애즈베리가 주창한 시스템 때문이었다. 델마버 반도는 전국에서 가장 압도적인 시골의 특성을 가지고 있었다.

예배당의 위치는 그 반도에서 감리교가 시골에 대한 장점이 있었음을 반영한다. 1784년 예배당 20개 중 18개가 변두리에 있었다. 체스터타운과 도버에 유일한 도시 예배당이 있었고, 도버에 있는 예배당도 "도시의 틀을 벗어난 그 어떤 것"이었다. 19세기로 접어들기까지 많은 감리교의 탄탄한 공동체들은 감리교인들의 만남의 집들(meeting houses)을 짓지 않았다. 윌리엄스는 델마버 반도의 감리교는 "도시와 도시 거주자들에 대해 약간의 의심"이 있었다고 말한다. 많은 감리교인들은 큰 도시의 사람들을 감리교인의 가치에서 볼 때 이방인으로, 그리고 "사악하기로 유명하다"고 보았다.[5]

감리교가 서부로 이동할 때도 이와 동일한 경향이 뒤따른 것으로 여겨진다. 1843년 한 작가는 감리교인들이 주변 촌락에서 번영을 이룩한 몇 년 후에야 서부(오늘날의 중서부) 도시에 계층을 형성하였다고 기록하였다. 그는 또 감리교 설교자들은 "이러한 서부 사역"에 있어서 "도시는 복음을 위한 발판을 마련하기에는 너무나 심하게 퇴폐적인 장소로 우리 설교자들에게는 거의 보편적으로 외면되었다"고 기록하였다.[6] 예를 들어 미주리 주(Missouri)의 중소 공동체 단 두 곳만이 이러한 규칙에서 예외였다.

인구가 이동하기 시작하다

이러한 전략의 결과는 무엇이었을까? 숫자적인 성공은 아주 인상적이다. 게다가 이 경우를 자세히 보면 그 전략 안에 미래에 대한 도전의 씨앗들이 들어 있음을 알 수 있다. 미국에서 감리교가 절정에 이른 것은 그들의 시골 선교의 확장이 최고점에 이르렀을 때였다는 사실은 그리 놀라운 것이 아니다. 인구 비율로 교인수를 살펴보면, 오늘날 연합 감리교회를 구성하고 있는 교회들은 1925년에 최고점(6.46%)에 도달하였다.[7] 1925

년 당시 국민의 4분의 3이 시골 지역에 살았다.

이전에 개척자들이 서부로 이동하였던 바로 그만큼이 1925년 이후에 이동하였다. 도리스 컨즈 굿윈(Doris Kearns Goodwin)라는 여성은 1940년 후반까지만 해도 미국은 "가장 많은 시민들이 사는 도시가 이만 오천 명도 안 되는 대부분의 작은 도시들로 이루어진 국가였다."고 지적한다. 제2차 세계 대전 말, 전쟁 때문에 "수많은 미국의 소도시들은 … 역사 속으로 사라져 갔다." 인구의 20% 이상이 전쟁 기간 동안 이주하였다. 사람들은 군사상 이주뿐만 아니라 "농장에서 공장으로, 남부에서 북부로, 동부에서 서부 연안의 격동적인 발전의 도시들로 이주하였다. … 이러한 자유화와 분산화라는 두 가지를 제공하는 이동의 습성이 사람들 사이에 깊이 뿌리내리게 되었다."라고 그녀는 말한다. "미국은 돌이킬 수 없는 도시화 국가가 되었다."[8]

그리하여 오늘날은 그 당시 감리교가 크게 확장해 나가던 때와는 정반대가 되었다. 오늘날 미국인들의 4분의 3은 시골이 아닌 지역에 살고, 4분의 1은 도시에, 2분의 1은 도시 주변에 살고 있다.

미국에 대한 최근의 인구 조사는, 지난 십 년에 걸쳐 발생한 인구 성장의 90%가 인구 백만 명이나 그 이상인 대도시에서 일어났다. 미국인들의 반 정도가 백만 명 또는 그 이상의 인구인 39개의 대도시에 살고 있다. 전 국민의 3/4이 전 국토의 불과 2.5%밖에 되지 않는 도시화된 지역에 살고 있는 셈이다.[9]

"도시-주"의 출현

뉴욕 타임지의 샘 로버츠(Sam Roberts)는 인구조사 연구를 마치고 나서 "주(states)는 지도제작자들의 정치적 고안"이라고 하였다. 로버츠에 따르면, 오늘날 미합중국(the United States: 여러 주들의 연합이라는 의미의 -역자 주)에 대한 적절한 묘사는 4분의 3의 사람들이 대도시 주변에 살고 있는 "도시-주(City-States)" 컬렉션이다.[10]

신중한 조사자들과 관찰자들 중에 몇몇은 21세기 인구의 폭발적인 확장은 대도시의 주변에서 일어났던 것으로 판단한다. 많은 사람들은 세상의 다른 나라들에서도 이 같은 양상을 관찰한다. 국가 정부에서 주 정부로의 권력 이동은 미국에서 많은 토론의 주제 중 하나였다. 주(州)를 고려하지 않은 채 도시 주변이나 때로는 전국이나 경계에서 도시 주변으로 인구가 계속해서 조성되었다면 오늘날 이런 모든 토론은 별 의미가 없을 것이다.

바바라 크로셋트(Barbara Crossette)는 "고대에는"이라는 말로 다음과 같은 것을 우리에게 상기시킨다. 즉 "거기에는 그 이름이 곧 문명과 동일시되는 도시-주(city-states)가 있었다." 이러한 도시-주는 거주자들에게 그들의 정체성과 사회적 위치를 확대하여 확인시켜 주었다. 이러한 새로운 "초대형 도시들"은 예전의 도시-주가 아니다. 신생 도시-주는 더욱더 계획성 없이 그리고 다양하게 생겨났다. 리처드 세네트(Richard Sennett)는 이것을 "중심과 또는 주변의 구별이 없는 도시"라고 부른다. 이러한 초대형 도시들은 크기와 상관없이 국가와 주의 정체성들로부터 멀어져 가고 있다. 그들은 자기들만을 위한 정치적, 경제적, 그리고 때로는 외교적 정체성까지도 독립적으로 개발한다.[11]

사람들이 즐겨 사는 곳

이러한 모든 것들이 오늘날 지도자들에게 어떤 의미가 있는가? 그것은 연합 감리교인들에게는, 대부분 지역의 연합 감리교회들의 위치가 대체로 오늘날 사람들이 살고 있는 곳보다도 1920년대에 사람들이 살았던 곳에 더 가깝다는 것을 의미한다. 몇몇 교파 연구에서 인구 위치와 그들이 다니는 교회 위치를 비교해 보았다. 이 연구는 여러 주 중에서 상당히 전형적인 하나의 주에서 연합 감리교회들 중 70%가 현재 인구의 30%만이 살고 있는 곳에 위치하고 있음을 보여 주었다.

연합 감리교회가 존재하는 곳과 사람들이 사는 곳 사이에서 나타난 이러한 양분된 극적인 영향력은 "개척지가 다시 돌아오고 있다."는 존 마골리스(Jon Margolis)의 관찰에 의해 더욱 분명해진다. 마골리스는 초기 미국에서는 어떤 지역이 1평방 마일 당 적어도 여섯 명이 살면 "개척지"라는 칭호에서 벗어날 수 있었다고 한다. 마골리스는 인구 밀도의 호칭으로 "개척지"(1평방 마일 당 6명 미만)를 사용해, 다섯 개의 대초원으로 이루어진 주에서 1920년 때보다 더 많은 "개척지"라고 하는 지금의 카운티(counties: 우리의 군 단위와 비슷한 것 -역자 주)가 있는 것을 확인하였다. 그래서 "개척지가 다시 돌아오고 있다."라는 문구를 쓴 것이다.[12]

사례 연구

캔자스 주는 우리가 한 세기에서 다음 세기로 넘어갈 때 연합 감리교회가 직면한 인구 통계의 딜레마에 대한 좋은 예를 제시해 준다.

이 주는 전통적으로 전국에서 감리교가 가장 우세한 주 중 하나다. 그래서 이곳은 사람들이 시골로 이주하였을 때 사람을 따라가야 한다는 초기 감리교회의 성공적 전략을 통계적으로 추적할 수 있는 기회를 제공한다. 또한 이곳은 사람들이 증가함에 따라 인구 밀도가 높아졌을 때 사람들에게 지속적으로 초점을 맞추어야 하는 일에 너무 늦게 대처하여 실패한 사례를 보여 준다.

캔자스에서의 이러한 감리교의 인상적인 확장과 영향력은 그곳에서 감리교를 가장 큰 교단으로 만드는 결과를 나타나게 하였다. 예를 들어, 오늘날 연합 감리교회들을 구성하는 교회들은 1950년대에 그 주의 105군 중 97군에서 가장 큰 개신교 인구를 구성하였다.

오늘날 이 주에서는 어떤 일이 벌어지고 있는가? 평방 마일 당 여섯 명 미만인 군(개척지 영역)은 1890년 때보다 더 많은 비율을 차지하고 있다.[13] 이것이 교회에 의미하는 것은 무엇인가? 교회가 교인들을 잃고 있다고 생각할 수 있다. 교회는 교인들을 잃고 있으나, 인구는 해마다 계속 성장하고 있다. 캔자스에서 일어나고 있는 일은 사람들의 감소가 아니다. 그 대신 인구가 이동하는 것이다. 다만 미국 초기 시대와 같지 않은 것은 그 이동이 다른 방향으로 일고 있다는 것이다.

주의 하나의 군이 복제되어 금세기 후반 다른 모든 군에 걸쳐 모델이 되고 있다. 이 군은 주의 동부 경계에 있으며 도시에 인접하였다. 오늘날 이 군의 인구는 인구조사 결과 전체 105군 중 15%인 것으로 나타났다. 1990년 이후부터 그 주의 인구 성장의 반이 이 군에서 일어났다. 이 군의 인구는 1950년 이후 600% 성장하였다. 지역의 기획단체들은 향후 25년 후에는 이 군의 인구가 50% 증가할 것으로 예상한다.

그러나 이러한 굉장한 인구 이동에도 불구하고 캔자스의 연합 감리교회들의 2.5%만이 이 군에 있다. 미국 인구 이동에 대한 이러한 통계적인 서술이 단지 한 지역만을 대표한다고 생각하는 것은 잘못이다. 이러한 예들은 사실은 모든 지역에 영향을 미치는 전국적인 패턴의 성향에서 크게 벗어나지 않는다.

교회가 당연하게 인구가 감소되는 장소에 관심을 집중하는 동안, 사람들이 이주해 가는 곳에는 상응하는 관심을 기울이지 못하였다. 사람들의 필요와 더불어 사역을 시작하는 전통에서는 인구가 감소하는 지역을 내버려 두지 않으면서, 동시에 사람들이 어디에 있는가를 알고, 또 그들과 함께 이동하는 것을 절대적 명령으로 이해한다. 그것이 초기 감리교인들의 방식이었다.

이러한 초기의 시절에는, 사람들을 따른다는 것이 도시 사람들을 저버린다는 것을 의미하지는 않았다. 그러나 그들의 리더십은 이미 일어난 일의 실체를 규명하는 데 도움을 주고, 그 장소에 꼭 맞고 적절한 선교적 대응책을 강구하게 하였다. 그들이 한 노력은 완벽하지는 않았지만, 그들의 실수는 사람들과 함께 머무르고 그들을 위하여 봉사하려고 노력하는 목표를 이루어가다가 일어난 것이다.

오늘날 사람들이 있는 곳

도시 – 미국의 도시화에도 불구하고, 많은 대도시들이 반세기 전보다 인구가 줄었다. 1950년도 미국의 가장 큰 25 도시 중 18 도시의 인구가 1990년에 감소한 것으로 나타났다. 한 도시는 인구의 반이 줄어들었다. 아직도 전체 인구 중의 25%는 도시가 그들의 고향이다. 다른 한편 1950년대 27%였던 가난한 사람들이 오늘날은 약 43% 정도가 도시에 살고 있다.14)

교외 – 최근 몇 십 년간 많은 대도시의 인구가 감소하는 동안, 7천 5백만 명이 교외 주민이 되었다. 오늘날 교외는 단일 인구를 기반으로 할 때 가장 많은 사람들의 고향이다. 우리가 알고 있듯이 자동차와 제2차 세계대전 이후 도로망의 확충을 따라 교외가 생성되었다.

확산(Sprawl) – 최근 40년 동안 한 도시는 주변 지역의 인구는 증가하였는데도 인구의 반이 줄었다. 오늘날 같은 수의 사람들이 30% 더 넓은 땅에서 살고 있다. 사람들이 밖으로 퍼져 가는 이러한 현상은 교외에서도 일어나고 있고 오히려 더욱 심하게 일어난다. 어떤 사람들은 대도시 지역들이 지리적으로 계속 확장하는 현상을 설명하기 위해 "스프롤(sprawl)"이라는 단어를 사용한다. 수많은 "주변 도시들"이 계속적으로 연이어서 일어나는 현상은 대부분 큰 도시들의 주변을 빙 둘러서 생겨난다.

시골 – 한때 75%가 시골이었던 한 국가가 오늘날은 75%가 시골이 아니다. 대도시로 인구가 몰려드는 전체적인 경향은 계속되고 있다. 그러나 이러한 전체적인 성향의 한가운데에서도, 보다 작은 공동체와 시골 지역을 선호하는 다른 운동이 있다. "1990년부터 1995년에 걸쳐 시골의 군들에 160만 명 이상의 사람들이 순수 유입되었고, 사실 그들 모두는 국내 이주를 하였다."[15] 오늘날 우리가 다른 추세들과 함께 지켜본다면, 이것은 하나의 중요한 추세다.

저버리지 않고 따라가기

사람들을 따라간다는 것은, 어떤 사람을 따르고 다른 사람을 저버린다는 것을 의미하는 것이 아니다. 애즈베리의 시골 전략은 도시 사역의 끝이 아니었다. 그는 단순히 현실을 인식하였을 뿐이다. 만일 웨슬리안 메시지가 사람들에게 효과를 나타내려 하였다면, 도시에만 머무르는 것으로는 부족하였다. 그렇다고 사역은 반드시 모든 곳에 계속 머물 수 없다는 의미는 아니다. 마찬가지로, 오늘날 이동하는 인구에 적응한다는 것이 애즈베리가 살던 시대에 사람들이 몰리는 지역을 저버린다는 것을 의미하지도 않는다.

마지막으로 필요하였던 것은 이기고 지는 게임이다. 불행하게도 많은 교회에서 하는 토론이 이러한 성격을 띠고 있다. 성장하는 교외 지역의 교인 증가에 관심을 집중하는 것은, 고군분투하며 허덕이는 도시 교회와 교인수가 적은 시골 교회에는 의문스러운 일이다. 새로운 활력을 얻은 도시 전략에 자원을 소비하는 것은 일부의 교외 회중과 시골 교회에게는 이해가 되지 않는다. 교인이 적은 수백 개의 시골 교회들을 위한 도시와 지방 사역에 전념하는 것은 작은 교회 교인들을 거의 다 합친 수보다 교인이 더 많은 일부 대형 교회들에는 비논리적인 것처럼 보일 것이다. 때로는 제한된 자원을 놓고 구성원끼리 서로 다투게 된다. 특히 어려울 때일수록 이기주의를 극복하기가 어렵다.

누가 편애를 받고, 누가 특혜를 얻게 될 것인지는 적절한 질문이 아니다. 본질적인 관심은 사람들에게 다가가서, 그들에게 사역하고, 그들이 그들 자신들을 넘어서 사역에 참여하게 하는 데 필요한 것이어야 한다. 이것은 마케팅 업무가 아니다. 인구 안정의 문제도 아니다. 그 동기는 더도 덜도 아닌, 성서의 거룩함을 전하는 것과 국가의 개혁이다. 이것은 모든 사람들이 있는 곳에서 의미 있는 방법으로 하지 않고서는 불가능한 일이다.

그러므로 큰 교외에 사는 회중은 시골 회중의 운명에 열정적인 관심을 갖게 된다. 이러한 교회들은 효과적인 웨슬리안 증언에 대해 본질적인 소명을 받았기 때문이다. 도시 중심의 교회들은 도시와 교외 지역들을 위한 공격적인 새로운 교인증가 전략이 있다는 것을 확인하고 싶을 것이다. 그들은 교회가 사람들을 따르지 않으면 웨슬리안 증언 전체가 어려움을 당한다는 것을 잘 알고 있다. 시골 교회도 도시 회중을 저버리는 운동으로는 웨슬리안이 될 수 없음을 알기 때문에 도시 교회들의 회복을 위해 기도와 관심을 갖고 따를 것이다.

도전

미국 웨슬리안 운동 후계자들이 직면한 도전은 미국 국가가 직면한 도전과 유사하다는 느낌이 든다. 미국 감리교 운동과 미국 국민은 수적인 성장도 함께하였다. 다만 이 둘은 서로 다른 시기에 세상에 알려지게 된 것이다. 이 시절에 미국은 단조롭고 또 전형적인 시골 같은 분위기였다.

감리교처럼 미국도 항상 도시들에 관하여 복잡한 감정을 가지고 있었다. 많은 정치인들은 입법부의 1인 1투표권에 대한 의석 재배정이 일어나기까지 도시들을 비난하며 그들의 권력을 취하였다. 지금도 여전히 그렇게 하고 있는 사람들이 있다. 조엘 코트킨(Joel Kotkin)은 토마스 제퍼슨(Thomas Jefferson)에서 윌리엄 제닝스 브라이언(William Jennings Bryan)에 이르기까지 "반(反)도시화"는 미국사람들의 사고방식의 일부였다고 주장한다.16)

오늘날 그러한 태도의 성과는 분명하게 드러난다. 도시란 존 가너(John Garner)가 정부를 "약한 고리"라고 부르는 것에 해당된다. 연방정부와 주 정부들은 문제들과는 더 많이 동떨어져 있고 돈은 더 많이 가지고 있다. 도시들은 필요한 자금 없이 매일 문제들에 직면한다. 그들은 주정부처럼 폭넓은 세금 기반도 없고, 연방 정부처럼 돈을 찍어낼 능력도 없다. 어떤 사람들은 이러한 묘사가 대규모 핵심도시에 위치한 많은 기성 교단에나 어울리는 얘기라 말할 것이다.

이처럼 도시들이 교회에게 도전을 준다면, 교외나 그 너머 지방들도 도전이 되어야 하다. 저널리스트 데이비드 브로더(David Broder)는 "도시와 교외 사이의 간격이 아마도 미국 사회의 장기적인 건강에 가장 큰 도전이 될 것이다."라고 주장한다. 정치인들 사이에서는 이것은 "중요하지만 언급할 수 없는" 문제다.17) 그러나 교회들에는 이렇게 인식되어서는 안 된다.

교회는 모든 사람의 미래의 상호 관련성을 해석하는 일에 앞장서서 도움을 줄 수 있다. 교외나 교외보다도 더 먼 지역, 또는 어느 정도 시골풍의 지역에 인구와 일자리들이 이동해 오면, 사람들에게 단기적인 미래가 번영하는 것처럼 보일 수도 있다. 그러나 최근 어떤 교외의 한 시장이 말하였듯이, 어떤 지역이든지 그 지역의 장기적인 건강은 그 지역의 중심도시의 경제적, 사회적, 정신적 건강에 달려 있다. 그녀의 주장은 소도시들을 포기하자는 것이 아니다. 그 의미는 경제, 사회 기구들, 또는 교회들이 국가의 모든 부분에 힘 있게 존재하고 또 서로 밀접하게 연결되어 있지 않고서는 오늘날 세계에서 활기를 유지하는 것은 상상하기 어렵다는 것이다.

대부분 문제들은 그 경계가 불분명하다. 인생과 공동체들에 영향을 끼치는 거의 모든 문제들은 서로 관련되어 있다. 그런데도 그 경계들을 가로지르는 상호 대화와 협력은 아주 드물다. 고립된 해법으로는 상호 관련된 문제들을 해결하기 힘들 것이다.

사람들을 위한 열정

웨슬리안 운동은 사람들이 있는 곳으로 갔기 때문에 미국에서 강력한 영적 힘을 갖게 되었다. 이 운동은 교회들을 봉사하기 위해 존재하지 않았다. 실제로 여러 해 동안 몇 교회밖에 없었다. 이 운동은 성직자에게 봉사하기 위해 존재하지 않았다; 어찌되었든 실제로 당시 성직자도 많지 않았다. 이 운동은 예수 그리스도 안에서 계시된 하나님의 사랑을 모든 사람에 알리기 위한 열정이요, 절실함이었는데, 이는 하나님의 운동이 모든 잘못된 것에 맞서서 모든 나라의 구석에까지 추진되는 것이었다.

이사야가 하나님의 부르심에 "내가 여기 있나이다. 나를 보내소서."라고 대답한 바로 그것처럼, 초기 미국 감리교인들도 하나님의 파송의 부르심에 응하였다. 우리는 이사야 이야기의 나머지 부분을 기억할 필요가 있다. 이사야는 하나님께 물었다. "주여, 어느 때까지이니까?" 이사야의 질문에 대한 응답은 우리가 모든 사람들과 처소들에 하나님의 사랑의 메시지를 전해야 하는 소명에는 끝이 없음을 상기시켜 준다. 이사야는 신실할 것을 요구받았다.

> "내가 이르되 주여 어느 때까지니이까 하였더니 주께서 대답하시되 성읍들은 황폐하여 주민이 없으며 가옥들에는 사람이 없고 이 토지는 황폐하게 되며 여호와께서 사람들을 멀리 옮기셔서 이 땅 가운데에 황폐한 곳이 많을 때까지니라."(사 6:11~12)

제 3 장

섬김에 초점을 두다

사람들 사이에서 하나님을 발견하기

윌리엄 골딩(William Golding)의 소설 「첨탑」(The Spire)의 배경은 14세기 영국의 대성당이 있는 지방이다. 성당 주임신부 조셀린(Jocelin)은 하나님을 위해 멋진 일을 하겠다는 꿈을 갖는다. 그는 하나님의 위대하심과 장엄하심을 나타내는 증거로 성당 위에 400피트 높이의 첨탑 건축을 시작한다. 그와 교인들이 이 엄청난 일을 할 수 있다면, 그들은 하나님을 잘 섬기는 것일 것이다.

그러나 문제는 시작부터 나타나기 시작한다. 하나님은 이러한 비전을 조셀린 신부에게만 계시하신 것 같다. 회중은 신부의 비전을 함께 나누지 못한다. 바로 그 이유 때문에 회중이 갈라지게 된다. 게다가 성당은 구조상 그러한 첨탑을 지탱하지 못하게 될 것이다. 건축자는 위협과 협박 끝에 이 설계를 떠맡게 된다. 현명하지 못한 공사가 전문가의 명성을 위험에 빠지게 만든다. 공사는 성당의 미사들을 방해한다. 일꾼들이 공사 중 사고로 죽어 나간다. 신부는 공사를 계속하기 위해 더러운 돈을 받는다.

건축자는 관리인의 아내와 부정한 관계를 갖게 되고, 이 여인은 그의 아이를 출산하다가 죽는다.

이러한 모든 일에도 불구하고 조셀린은 계속 자신의 계획을 밀고 나간다. 이러한 모든 일에도 불구하고 그는 하나님을 위해 위대한 일을 하고 있는 것이다. 우리는 소설이 전개되면서 꾸준히 위로 올라가고 있는 첨탑을 본다. 동시에 그 밑에는 공사로 일어나는 인간의 고통과 죽음이 쌓이고 있다. 결국 조셀린은 이 위대한 꿈을 이루는 데 매우 값비싼 대가를 치른다. 조셀린은 다른 사람들이 보고 있는 것을 볼 수 없고, 다른 사람들이 듣고 있는 것을 들을 수 없고, 다른 사람들이 느끼는 것을 느낄 수 없는 것 같다. 그의 종교적 꿈은 다뤄야 할 다른 가치들에 대해서는 마음을 닫아 버린 것 같다.

결국 조셀린 신부는 자기 주변에서 일어나고 있는 일을 더 이상 모르는 체 할 수 없었다. 그는 정신을 차리고, 그동안 일어난 일들을 깨닫고, 슬퍼하며 말한다. "만약 내가 지난날로 돌아갈 수만 있다면, 사람들 사이에 계신 하나님을 만나고, 그 하나님을 그곳에서 발견하였을 텐데."[1]

웨슬리안 영성의 리더십은 바로 이 점에서 출발한다. 리더십은 사람들의 필요와 함께 시작하며, 그리스도의 이름으로 섬김을 통하여 그러한 필요들과 만나는 일에 초점을 맞춘다. 이것은 사람들의 개인적, 영적, 물질적 필요들과의 만남을 내포한다. 이것은 개인적 관심의 자연적 파생물이 보다 확장된 사회에 공헌하는 것을 의미한다. 웨슬리안의 비전은 400피트 높이의 첨탑이 할 수 있는 것보다 훨씬 더 깊은 효과를 사람들의 영혼과 육신에 가져온다. 웨슬리안 운동의 이야기는 참으로 사람들 사이에서 살아 계시는 하나님을 발견하고 거기서 하나님을 섬기는 이야기다.

아프리카계 미국인 전통의 복음주의에 관한 한 책은, 우리가 웨슬리안의 전형적 틀에서 발견하는 이러한 운동을 잘 설명해 주고 있다. 해리어

트 튜브만(Harriet Tubman) 여사의 예는 웨슬리안의 조화와 일의 순차를 잘 반영해 준다. 저자는 "그녀가 물질적, 경제적, 사회적 자유를 향하여 움직이기로 결심한 것은 바로 이러한 영적 자유에서 기인한 것이다."라고 주장한다. "그녀가 노예의 사회 해방이 가능하다는 것을 실천에 옮긴 것은 바로 그녀 자신의 영적 해방의 순간이었다."[2]

하나님의 종

"종"이라는 개념은 풍부한 성서적 전통을 가지고 있다. 이사야의 글에서 종의 이미지는 중요한 것 중의 하나다. 그리고 신약성서에도 다음과 같은 많은 구절들이 있다: "너희 중에 큰 자는 너희를 섬기는 자가 되어야 하리라(마 23:11).", "인자가 온 것은 섬김을 받으려 함이 아니라 도리어 섬기려 하고(마 20:28)." 또 이어서 모든 민족들의 심판에 대하여 묻는 질문들(마 25: 31~46)이 있는데, 이 질문은 종의 역할에 관한 것이다. 너는 배고픈 자에게 먹을 것을 주었는가? 너는 목마른 자에게 물 한 컵 주었는가? 너는 벗은 자에게 옷을 주었는가? 너는 감옥에 가서 사역을 하였는가?

종이란 말을 나타내는 언어에는 문제들이 있다. 영어단어의 대부분은 성서적 의미의 풍부함을 나타내기에는 충분하지 못하다. 우리가 사용하는 많은 단어들은 문화적 상황에서 나온 부정적인 다른 의미를 가지고 있는데, 종과 관련한 경우에 특히 그렇다. 종의 직분은 많은 사람들에게 밑에서 시중드는 것을 의미한다. 우리는 대부분 종이 되기를 원하지 않고, 또 종을 부리는 것도 원하지 않는다. 이러한 모든 요소에도 불구하고, 마리아 해리스(Maria Harris)는 종의 직분 개념을 "교회의 삶에서 긴

요한 것이고 복음의 본질적 부분 중의 하나"라고 지적한다.[3]

레티 러셀(Letty Russell) 여사는 자신의 선택이 아닌 강제로 종의 역할을 감당한 여자들과 다른 억압받는 부류의 사람들에게서 드러난 종의 개념이 문제점들이 있었음을 시인한다. 그녀는 한 개인에게 종의 직분을 선택할 수 있는 힘과 신분이 주어지지 않았음을 이해하면서 "종의 직분을 수행함에 있어서의 자매관계"에 대해 언급한다. 그녀는 이어서 "구약과 신약에 나타난 종의 역할은 열등함이나 예속의 표시가 아니라, 교회와 사회의 역사 속에서 종의 역할이 무엇을 의미하였든, 성서에서 그것은 분명히 상대에 대한 존중과 책임의 역할이다."라고 말한다. 그녀는 "종의 직분은 그로 인한 위험과 대가를 모두 받아들이는 사람들에게는 아름답고 능력 넘치는 것"이라고 이 부분을 결론짓는다.[4]

종의 직분에 대한 부정적인 이미지는 새로운 게 아니다. 종에 대한 이러한 형상의 부정적 면은 이미 예수 시대에도 있었다. 예수는 그러한 상황을 확실히 알고 있었다. 종이라는 말은 히브리어 성서에서 이미 사용되었고, 그래서 예수가 이 말을 사용하였을 때, 그는 계급 사회 질서 속에서 사용하던 말에 근거를 두고 있음을 분명히 하였다. 예수의 말을 듣고 있던 사람들도 역시 예수처럼 그렇게 이해하고 상상을 하였다. 예수가 행하였던 것은 다음과 같은 것을 드러냈다; "상투적인" 말과 지혜를 택하여 "그것을 거꾸로 뒤집어 놓았다." 사람들이 이 말을 들었을 때, 예수가 하찮다고 생각하는 무언가를 택하여 그것이 중요하다고 선언한다는 것을 깨달았다. 예수는 세상에 있는 상투적인 기준의 파기를 선언하였다.[5]

웨슬리안에 나타난 예

많은 결점과 한계에도 불구하고, 웨슬리안 운동은 사회 개혁과 봉사를 많이 하였다. 부흥 정신은 웨슬리가 결코 예견하거나, 또 어떠한 경우에도 간과하지 않았던 변화의 불꽃을 피어나게 하였다. 감리교의 남자와 여자들은 노동조합운동, 교도소 개혁, 그리고 노예제도 폐지를 포함한 사회 개혁을 오랫동안 지속하기 위한 리더십을 제시하였다.

앨버트 아우틀러(Albert Outler)는 웨슬리안 영성에 비춰진 복음주의를 웨슬리가 그를 따르는 사람들에게 자기 자신을 비우고, 다른 사람들을 위해 기꺼이 자기 자신을 내어놓는 "순교자와 종의 소그룹(밴드: band)"이 되라고 가르친 웨슬리의 가르침으로 설명한다. 초기 감리교인 운동에서는, 교회 안에서 일어난 일과 교도소 안에서 일어난 일 사이에 밀접한 관계가 있었다. 소그룹 모임에서 일어난 일은 과부와 고아들의 집에서 일어난 일과 직접적으로 연관이 있었다. 아우틀러는 "웨슬리가 설교하였던 복음을 가정에 신선한 충격을 준 것"은 이러한 "눈에 보이는 순교적 자세와 종의 정신"을 통해서였다고 말한다. 아우틀러는 웨슬리안 영성에 있어서 복음주의와 사회적 활동은 서로 분리될 수 없이 결합되어 있음을 상기시킨다. 그는 "만일 복음의 증인들이 분명하게 지금 이 세상과 그리고 다가올 세상에서 더 풍성한 인간의 미래를 위하여 헌신하는 것을 보게 될 때, 세상은 그 복음을 듣게 된다."고 말한다.[6]

섬김을 통한 번성

웨슬리안 전통의 리더십이 우리에게 주는 교훈 중 하나는 "성장하고 싶으면 섬기라"는 것이다. 불행하게도, 교회에서 종종 들려오는 메시지의 대부분이 어려움에 처한 사람들을 섬기라는 것이 아니라, 사람들에게 교회 유지를 요구하는 것이다. 특히 교회 예산을 올리는 중에는 더욱 그렇다. 이러한 메시지는 보통 간접적으로 전해지나, 때론 아주 직접적으로, 교인들이 모인 모임에서 종종 "교회를 위해 무엇인가를 하라."고 말한다. 그와 똑같은 메시지는 종종 지역 교회의 수준을 넘어서도 나타난다. 얼마나 이해가 되지 않는 이상한 메시지인가. 아무도 교회나 교단을 섬김의 대상으로 세우지 않았다. 우리는 생존의 압박 속에서 쉽게 우리의 본래 소명을 잃어버릴 수 있다. 모든 교회는 다음과 같은 메시지의 선언을 위해 부름을 받았다: "우리는 당신을 섬기기 위하여 존재한다. 그리고 무너져가는 이 세상의 요구에 그리스도의 이름으로 함께 맞설 수 있는 기회를 주려고 존재한다." 당신이 만일 성장을 원한다면, 섬겨라.

교회의 소식지들 사이의 차이를 관찰해 보는 것은 교육적으로 유익하다. 때때로 나는 신학생들에게 무작위의 많은 교회의 소식지들을 분석하라고 요구한다. 성장만을 위해 고전을 면치 못하는 교회들은 일상적인 것들(거기에 참여하는 사람들이 관심하는 집회나 소식들), 교인의 의무들, 특히 재정상의 의무에 초점을 둔다. 반면 생기 넘치는 교회들은 하나님이 사람들의 생활 가운데서 무엇을 행하시는가를 강조한다. 주요한 관심은 믿음의 기초 문제들, 제자로 성장하는 기회들, 교회 밖의 사역, 특히 교인들의 개인 참여에 맞춰져 있다.

노스캐롤라이나에서 목회를 하는 돈 헤인스(Don Haynes)가 한번은 아주 어려운 질문을 하였다. "만약 당신 교회가 오늘 문을 닫는다면, 당신 교회의 교인들 외에 다른 어떤 사람이 당신의 교회를 그리워할까요?" 잠시 이 물음에 대하여 생각해 보라. 당신의 지역 사회에서 당신의 교인들 외에 교회를 그리워할 사람들과 집단의 목록을 만들어 보라. 그들이 아쉬워하는 것은 무엇일까? 참으로 모든 지역 사회 전체가 "이제 우리는 어떻게 하지?"라고 말할까? 얼마나 많은 사람들이 교회 폐쇄라는 충격적인 교훈 앞에서 "우리는 이제 어디로 돌아가나?" "그들은 항상 그렇게 있는 것인 줄 알았는데….''라고 말할 것인가?

우리는 이러한 질문에 대한 답에서, 우리 교회의 현실에 대한 해결의 실마리를 발견하게 될지도 모른다. 우리는 신실한 제자들로 이루어진 신실한 공동체로서, 우리의 강함과 약함에 대한 어떤 이유를 알게 될지도 모른다. 이러한 질문은 매년 행하는 사명의 완전성에 대한 결산의 기능을 할 수 있다.

성장하지 않기로 결심한 교회

한때 어느 교회가 성장하지 않기로 결심하였다. 몇몇 교회들은 많은 노력을 하지 않고서도 그렇게 되나, 이 교회는 아주 고의적으로 성장하지 않기 위해 노력하였다. 이 교회는 건물 공간도, 주차공간도 모자랐다. 땅도 모자랐다. 거기에는 더 이상 살 수 있는 땅도 없었다. 교회를 옮기는 것도 쉽지 않았다. 기존의 교인들에게 서비스를 제공하기에도 공간은 적절치 못하였다. 그래서 "우리는 성장을 그만둘 것이다."라고 결심하였다.

그 결심 때문에 지역에서 좋은 위치가 아니었지만 거리 어디에도 교회 위치를 알리는 간판을 두지 않았다. 교회 안내책자도 없었을 뿐더러 광고도 하지 않았다. 교회에 등록할 가능성이 있는 사람을 심방하지 않았고, 새로운 교인들을 위한 반도 운영하지 않았다. 출석 등록 카드에 "교회등록 희망" 란도 넣지 않았다. "교회에 등록하고 싶습니다."라고 말하는 사람들은 그 지역 같은 교단의 다른 교회들에서 주는 안내책자를 받았다. 다만 교인으로 받아들여진 사람들은 그 교회 교인이 되겠다고 끝까지 막무가내로 고집하는 사람들이었다. 물론 계획이 아니라 실수로 일어난 것이지만, 심지어 교회 앞 게시판에도 예배 시간이 잘못 적혀 있는 일도 있었다.

그러나 교회성장을 억제하려는 이러한 모든 노력에도 불구하고, 그 교회는 계속해서 성장하였다. 이십 년이 넘도록 선교라는 이름으로 생각할 수 있는 모든 면에서 이 교회와 교인들이 그 지역 사회와 맺은 관계 때문이었다. 어디든 집 없는 사람, 배고프고 병든 사람, 빈곤한 사람들과 함께하는 사람들이 있는 곳에서는, 이 교회의 사람들을 발견할 수 있었다. 그러한 헌신 때문에 사람들은 이 지역으로 이사 오게 되면, 이 교회에 관한 입에서 입으로 전해지는 좋은 소문으로 이 교회에 빠져들게 되었다. 교인들은 이러한 선교의 관계를 멈추지 않았다. 그들은 답답한 마음으로 "왜 우리가 그렇게도 성장을 막으려 애썼는데도 성장을 멈출 수 없는가?"를 이해하려고 노력하였다. 여기에 교훈이 있다. 당신이 성장하기를 원한다면, 섬겨라. 그것이 바로 웨슬리안 영성에 나타난 리더십이다.

기독교인이 되기에 어려운 시대

지금은 기독교인이 된다는 것이 어려운 시대다. 세상은 교회가 문화적으로 지배하였을 때에도 요구하지 않았던 책임에 기대를 건다. 사람들은 신앙과 행위가 일치하기를 기대하고, 또 교회가 보여 주는 집회는 설교에 부합하고, 그들의 신선한 충격은 목적에 따라서 일어나기를 기대한다.

우리는 왜 예수와 웨슬리안 전통의 생동감 넘치는 본보기를 가지고 있으면서도 교회 내에서는 지역주의적인 편협한 생활양식을 계속하고 있는 것일까? 왜 우리는 교회 안팎에 있는 사람들의 필요보다는 교회제도에 필요한 것들에 더 많은 관심을 갖는 것일까?

우리가 하나님은 무엇보다도 우선적으로 기독교에 관심이 있으시다는 그릇된 인식을 갖고 일하기 때문은 아닐까? 하나님께서는 기독교에 우선적으로 관심을 갖지 않으신다. 하나님의 우선적 관심은 모든 것이다.[7] 하나님께서는 모든 생명과 모든 피조물의 창조자시며 유지자시다. 만일 누군가가 하나님의 사랑과 돌보심과 절대권 밖의 어떤 분야가 존재하는 것처럼 의미를 두려고 한다면, 하나님께는 신성한 것과 세속적인 것 사이에 어떤 차별도 없다는 것을 알아야 한다. 그러나 일단 우리가 하나님의 주된 관심이 기독교와 그의 종교적 활동에 있다고 가정한다면, 교회는 사람들을 위한 섬김의 도구가 되는 대신에 자기 자신을 충성의 목표로 세운다. 그리하여 우리는 자신을 하나님을 섬기는 자보다는, 하나님처럼 되는 일에 집착한다.

집사, 종으로 번역되는 그리스 단어의 문자적 의미 중 하나는 "식사 때 시중을 드는 사람"이다. 우리는 자신과 교회를 시중을 드는 종업원이라기보다는 식당 주인으로 생각하는 경향이 있다. 우리는 "이곳에 와 주셔서 감사합니다. 다시 오시길 바랍니다." 라고 말한다. 성서적 이미지에서 종은 세상에 죽어 가는 사람들과 상처 입은 사람들의 식탁에서 시중드는 일을 하는 사람이다. 이러한 봉사는 그리스도의 이름으로 다른 사람을 위해 우리의 삶을 비우는 기쁨과 만족감 외에는 아무것도 기대하지 않는다. 이것이 바로 웨슬리안의 섬기는 목회 비전이다.

어느 토요일 오후, 한 지방 감리사가 나를 불러 그 다음 날 오후에 그 지방의 어느 작은 교회에서 설교를 해 달라고 요청하였다. 그곳 목사가 갑작스럽게 병이 들었기 때문이었다. 그 교회는 근처 큰 고속도로에서 수 마일 들어간 좁은 자갈길 변에 있었다. 교회에는 주차장이 없었다. 건물은 매우 작고 수리가 필요하였다. 피아노도 없고 수돗물 시설도 없었다. 설교단 의자는 값싼 플라스틱으로 만든 안락의자였다. 게다가 교회 간판에는 교회 이름의 철자마저도 잘못 쓰였을 정도다.

그런데도 사람들이 몰려오기 시작하였다. 그들은 교회가 가득 찰 때까지 계속 들어왔다. 길을 따라 길게, 마당과 들판에도 주차되었다. 거기에는 악기가 없음에도 불구하고 그들의 찬양 소리는 경이로웠다. 예배를 드리는 동안 그들이 서로 기쁨과 관심을 나누는 모습을 보면서, 나는 이 교회의 매력을 이해하게 되었다. 이곳이야말로 한 사람의 고통이 모든 사람의 고통이 되고, 한 사람의 즐거움이 모든 사람의 즐거움이 되는 진정한 공동체였다. 사람들은 진정 서로 필요한 것을 해결하기 위해 함께하고 있었다. 이런 경우 교회는 경제적, 물적 자원이 거의 없어도 항상 힘 있고 생동감이 넘친다. 왜 그럴까? 왜 이 교회에는 그 같은 삶이 있을까? 그것은 웨슬리가 사람들을 감격시켰던 것과 같은 이유 때문이다. 사람들의 영적이고, 인간적인 필요가 최우선이기 때문이었다. 거기에는 교회에서 일어나고 있는 일과 사람들의 욕구 사이의 접촉이 있다.

예수께서 하신 일을 행하기

신학교를 졸업한 직후, 담임 목회를 할 때, 내가 섬기는 교회에 J. 왜스캠 피켓(J. Waskom Pickett) 감독이 지방 선교의 중요성에 대한 강연을 하기 위하여 왔다. 그는 20대 초반의 젊은이였을 때, 아주 많은 사람들을 회심시키겠다는 큰 꿈을 안고 어떻게 인도에 선교사로 가게 되었는지를 말하였다. 인도의 사람들은 그를 따뜻하게 환영하였다. 그들은 설교를 듣기 위해 왔지만 기독교인이 되라는 그의 초대에는 응하지 않았다. 첫 한 해 동안 그는 그곳에서 단 한 명에게 세례를 베풀었다. 그는 이 여인이 단지 그를 불쌍히 여겨서 온 것이 아닌가 생각하였다. 그가 할 수 있는 보답은 설교준비를 더욱 열심히 하는 것이었다. 그는 설교를 향상시키기 위해 많은 시간을 투자하였다. 그러나 아무런 반응이 없었다.

어느 날 저녁 그는 기도하던 중에, 우리는 예수께서 행하셨던 바로 그 일을 할 수 있다는 매우 단순한 진술내용을 접하였다. 그는 종이 한 장을 꺼내 한가운데에 선을 그었다. 선의 한 쪽 면에는 예수께서 하신 일을 적었다. 목록에는 설교, 가르침, 병자들을 고침, 눈먼 자를 보게 함, 앉은뱅이를 걷게 하심이 있었다. 그 다음 선의 다른 면에는 자기가 해 온 일의 목록을 쓰기 시작하였다. 거기에는 오로지 한 가지 목록, 설교라는 항목만 있었다.

그날 밤 그는 선교 본부에 편지하기를 자기와 한 팀이 되어 일할 의사나 간호사를 보내 달라고 요청하였다. 새로운 동역자가 도착한 후에도, 주일마다 설교는 계속되었다. 그런데 이제는, 그들은 주중에는 병든 자들을 치료하고, 눈먼 자들을 회복시키고, 절름발이를 도왔다. 많은 사람들이 기독교인이 된 것은 바로 이 시점이었다.

왜 이러한 변화가 일어났을까? 그들이 어떤 속임수나 요술을 발견하였는가? 아니다. 복음과 웨슬리안 전통 안에 있는 분명한 것을 단지 재발견하였을 뿐이다. 아우틀러가 말하였듯이 "세상은 그것을 볼 때 복음을 경청한다. 즉 복음의 증인들이 분명히 인간실존에 관심을 갖고 이 세상과 다음에 오는 세상에 보다 온전한 인간의 미래에 헌신하는 것을 볼 때 말이다." 그들은 하나님의 종이 된다는 것이 무엇을 의미하는가를 재발견하였던 것이다.

섬김의 유산

웨슬리안 운동은 자기 자신을 위해서가 아니라 다른 사람들을 위해 시작되었다. 번영과 섬김은 실제적으로 서로 연결되어 있다. 웨슬리안 집단의 성장은 하나님의 모든 자녀들의 욕구와 일치하려는 그들의 정체성과 직접적으로 관계가 있다.

오늘날에도 이런 일이 일어나고 있는가? 사람들은 우리 교회가 지역 사회에 존재하기에 거기에는 굶주린 사람들이 없다고 말하는가? 사람들은 우리 교회가 지역 사회에 존재하기에 거기에는 편협함이나 차별이 없다고 말하는가? 그들은 우리가 지역 사회에 존재하기에 집 없는 사람이 한 사람도 없다고 말하는가? 이러한 물음들은 계속해서 웨슬리안 영성의 계승자들에게 시험이 되고 있다.

제 4 장

가난한 사람들을
특별히
기억하다

"…런던 사회의 최고의 부분: 내 생각에는 이는 가난한 사람들을 의미한다."
– 1780년 6월 14일 브라이언 버리 콜린스
(Brian Bury Collins)에게 보낸 존 웨슬리의 편지[1]

가난한 사람들을 위한 리더십

워싱턴 DC에 있는 '집 없는 이들을 위한 공동체'(Sojourners Community)의 설립자 짐 월리스(Jim Wallis)의 이야기는 하나님의 백성들에게 가난한 사람들의 중요성을 잘 설명해 준다. 이 이야기는 월리스의 신학교 시절에 일어났다. 그와 몇몇의 친구들이 시도하였던 공부에 대한 이야기다. 그들은 성경에서 가난한 자들과 억눌린 자들에 관한 모든 언급을 찾아보았다. 그 결과 그들은 구약과 신약에서 가난한 자들에 대한 하나님의 관심을 말하는 구절을 1,200개 넘게 발견하였다. 월리스의 친구들 중 한 명은 다 낡은 헌 성경책을 가지고 그 모든 구절들을 가위로 오리는 데 몇 주일을 보냈다. 월리스는 가난한 자들을 위한 하나님의 돌보심과 관심을 표현한 모든 언급들을 오려 내 구멍으로 가득 찬 성경책을 위로 치켜들면서 이 이야기를 끝마친다. "우리의 성경책은 구멍으로 가득하다. 가난한 자들은 하나님 말씀에서 모두 도외시되어 왔다. 이것은 교회의 온전성에 관한 문제다. … 우리에게 그리스도를 나타내 줄 사람들은 바로 가난한 자들이다."[2]

우리는 리더십에 대한 적절한 크리스천의 비전이 무엇인지를 어떻게 아는가? 하나님이 우리에게 무엇을 하라고 부르셨는지를 어떻게 알 수 있는가? 우리는 우리를 향한 하나님의 모든 의지를 알게 되었던 것과 똑같은 자료로부터 그것을 배우게 된다. 그 첫 번째 자료가 성서다. 또 우리는 경험, 전통, 이성, 기도, 예배, 묵상, 그리고 다른 기독교인들에게서 배운다. 무엇보다도 모든 것과 비교되는 표준, 곧 예수 그리스도를 통하여 우리를 향한 하나님의 목적을 알게 된다.

예수의 모범

예수 자신의 사역의 모델을 생각해 보라. 그가 사역하러 갔던 곳의 배경을 생각해 보라. 예수가 사역할 당시 상황은, 소수의 사람들은 원 안에 속하고, 다른 많은 사람들은 원에서 배제된 것과 비슷하였다. 원 안에 있는 사람들은 하나님께서 원을 그려 놓으시고, 그들을 원의 안쪽에, 다른 사람들은 원 밖에 선택해 놓으셨다고 느꼈다. 원 내부에 있는 사람들은 "착한 사람"이었다. 그들은 율법을 알고 지켰고, 예배에 참여하였고 십일조를 드렸다.

다른 많은 사람들은 원 밖에 머물렀다. 가난한 사람들이 그 원 밖에 있었다. 병자들도 그 밖에 있었다. 종교와 민족 그리고 가치체계가 다른 배경을 가진 사람들도 원 밖에 있었다. 죄인들과 세리들도 밖에 있었다. 여자들도 대부분 원 밖에 있었다.

그런데 예수는 이러한 사회적 상황에 오셔서 다음과 같이 말씀하셨다: "여기 내가 먼저 해야 할 몇 가지 중요한 일들이 있다. 첫째 나는 '좋은 소식(복음)을 전파하기 위해' 왔다." 그때 많은 사람들은 안도의 숨을 내쉬었다. 그들은 "고맙기도 해라. 우리가 마침내 영적 지도자를 만났구나."라고 말하였을 것이다. 그러나 우리가 알다시피 예수는 계속해서 이렇게 말하였다: "주의 영이 내게 내리셨다. 주께서 내게 기름을 부으셔서, 가난한 사람들에게 기쁜 소식을 전하게 하셨다. 주께서 나를 보내셔서, 포로 된 사람들에게 자유를, 눈먼 사람들에게 다시 보게 함을 선포하고, 억눌린 사람들을 풀어 주고, 주의 은혜의 해를 선포하게 하셨다."(눅 4:18~19)

많은 사람들이 이 말을 듣고 당황하였다. 그러한 도발적인 말씀에도, 청중은 평온함을 유지하였다. 그들은 설교자들이 오고 가는 것을 보아 왔다. 그들은 도전적인 말이 꼭 어떤 사건을 유발하는 것은 아니라는 것을 알고 있었다.

예수는 달랐다. 그의 리더십은 그의 선포와 일치하였다. 거리의 여인들과의 대화에 관한 소문이 퍼지기 시작하였다. 예수는 세리들과 점심식사를 하셨다. 예수는 사마리아인을 그가 하는 이야기의 한 영웅으로 만드셨다. 그는 병자들을 돌보셨다.

여기서 우리는 무엇을 알 수 있는가? 리더십을 위하여 예수의 사역에서 우리는 어떤 실마리를 발견할 수 있는가? 예수는 "하나님은 모든 사람들에게 하나님의 사랑을 전파하기 위해 나를 보내셨다. 나는 가장 먼저 어려움에 처한 사람들, 원 밖에 있는 사람들에게 가기로 마음먹었다."라고 말씀하신 것 같다.

이것이 편애일까? 아니다. 이것은 하나님께서 어떤 사람들을 다른 사람들보다 더 사랑하시는 것과 같은 감정이 아니다. 전략적인 관심이라는 것이 더 적절한 표현이다. 여기 백 마리의 양을 가진 한 목자가 있다(눅 15:3~7). 그런데 양 한 마리가 길을 잃었다. 이 선한 목자는 어떻게 할까? 선한 목자는 가서 그 길 잃은 양을 찾는다. 그러나 아흔 아홉 마리의 양을 생각해 보라. 그들은 이렇게 말할 수 있었을 것이다. "잠깐, 이건 편애야. 이건 일종의 한 마리 길 잃은 양에 대한 긍정하는 행위야. 우리는 뭐란 말이야? 우리는 길을 벗어나지 않았잖아!"

그 선한 목자는 이 같은 질문들에 어떻게 대답하는가? 그는 우리에게 그 한 마리의 양이 아흔 아홉 마리의 양보다 더 사랑받는 것이 아님을 일깨워 준다. 오히려 그 길 잃은 양 한 마리는 바로 어려움에 처한 한 마리라는 것이다. 이것은 편애가 아니다. 그것은 전략적인 관심이다.

웨슬리안의 모범

몇 년 전 크리스마스 전날 주일에, 한 텔레비전 부흥사가 지난해 일어난 정치 사건들을 열거하고 있었다. 많은 사건들이 설교자와 그와 정치적 가치에 동조하는 사람들에게 좋지 않게 진행되었다고 주장하였다. 악의 세력은 너무 많은 승리를 하였다. 자기처럼 정의를 위해 싸우는 사람들은 포위공격을 당하였다. 그는 이러한 상황에 비추어 재정적 후원을 호소하며 설교를 마쳤다. 그는 "예수님에게 드릴 크리스마스 선물을 마련하세요. 그것을 화면에 나타난 주소로 저에게 보내 주십시오."라고 부추겼다.

나는 바로 그 전 주에, 다른 제안을 하는 웨슬리의 글들을 읽었다. 웨

슬리는 초기 감리교인들에게 돈을 사용하는 방법에 대하여 다음과 같이
부탁하였다: "…먼저 당신 가족이 필요한 것과 함께 당신 자신에게 합리
적인 이유가 있는 필요한 것을 제공하시오. 그런 다음 그 나머지를 나에
게 돌려주되 내가 그 돈을 받도록 지정한 가난한 사람들을 통하여 돌려주
시오."[3]

존 웨슬리는 가난한 자들을 위한 복음의 메시지를 들었다. 그는 주로
그 당시 교회가 없는 곳, 즉 가난한 사람들에게 복음을 전하라는 사명을
깨달았다. 웨슬리는 옥스퍼드 시절부터 영적 훈련의 하나로 가난한 자들
을 방문하는 것을 실천하였다. 그는 다른 감리교인들도 그렇게 하도록 아
주 강하게 격려하였다. 웨슬리가 그의 전 생애를 통하여 이해한 리더십의
핵심에는 가난한 자들이 자리 잡고 있었다. 웨슬리는 노년에도 실직자들
과 어려움에 처한 다른 사람들을 위한 기금을 구하기 위해 자신의 건강과
편안한 삶을 위협하면서까지 모험을 하였다.

웨슬리는 "경험의 신학자"로서 "살아 있는 경험에 집중하는 것"을 신
뢰하였다. 테오도르 제닝스(Theodore Jennings)는 웨슬리가 기독교인들
이 가난한 자들에게 시간과 정성을 쏟는 것을 얼마나 중요시하였는지 상
세하게 설명한다. 그들을 이해하고 동일감을 형성하는 데 이러한 직접적
인 상호관계가 필수적이다. 그래서 이와 같이 가난한 자들, 병든 자들, 갇
힌 자들을 정기적으로 "방문"하는 실천은 본질적인 것이었다.[4]

제닝스는 이러한 웨슬리의 "지속적인 방문의 실천"이 초창기의 단순히
감상적이거나 이념적이던 가난한 자들에 대한 그의 관심을 구원하였다고
믿는다.[5] 고통의 실상을 직접 경험함으로써 감상적인 것이나 관념적이지
않은 방법이 사람들에게 실제적으로 필요한 것임을 밝힌다. 웨슬리의 시
도에도 한계가 있다, 그러나 의심할 여지없이 웨슬리에게 중요한 것은 다
름 아닌 가난한 사람들이었다. 그들에게 도움을 주려는 사람들의 감정이

나 생각보다 항상 우선이었다.

웨슬리의 야외 설교는 지적인 헌신 때문이라기보다는 긴박한 실제적 필요 때문이었다. 웨슬리는 현실적인 제한이 있었음에도 불구하고 복음을 위하여 야외 설교를 위한 용기를 내었다. 사실 야외설교는 전통적인 예배의식에서 인정을 받지 못하는 일이었다. 야외설교는 가난한 자들에게 하나님의 좋은 소식을 전달하는 자로서 부르심을 받아들이는 것 외에는 웨슬리가 그동안 해 온 그 어떤 것과도 전혀 일치하지 않았다. 그는 메시지를 전하기 위하여 자신의 자연적이고 개인적인 배움들을 순응시켜 나갔다.

처음에 웨슬리는 이러한 새로운 방식이 편하지 않았다. 그러나 곧 익숙해졌다. 1739년 4월 2일, 처음으로 대규모 야외 설교를 할 때 청중에 대한 웨슬리의 이해는 분명하였다. 그는 아래와 같은 설교본문을 선택하였다: "주의 성령이 내게 임하셨으니 이는 가난한 자에게 복음을 전하게 하시려고 내게 기름을 부으시고(눅 4:18 KJV)."6) 그 후 웨슬리는 야외설교를 그리스도의 사랑을 나누는 효과적인 수단으로 사용하였다.

웨슬리는 심오한 "복음 평등주의"를 실천하였다.7) 아우틀러는 "영국 빈민들과 자신을 마음으로부터 철저하게 동일시한 사람, 또는 빈민들이 마음으로부터 그가 동일시하는 것을 그토록 감동적으로 받아들인 그 시대의 또 다른 영국인의" 이름을 알지 못한다.8) 웨슬리는 그의 일지에 한때 다음과 같은 생각들을 적어 놓았다. "부자들과 귀족들 몇을 불러 주시니 좋다. 오! 하나님께서 그들의 숫자를 늘려 주셨으면…! 그러나 만약 내가 선택해야 한다면, 나는 여전히 … 가난한 자들에게 복음을 전할 것이다."9)

케네스 카너(Kenneth L. Carder) 주교는 "어떤 복음주의자들은 주로 신흥 중산층과 신분이 조금 낮은 귀족들 중에서 지지기반을 찾았다."고

한다. 그러나 웨슬리는 감리교인들의 공동체를 "빈곤 지역에 심어서 그들을 의롭게 되고 성화되는 은혜의 복음으로 양육하였다."[10]

"존경받는 길로의 순례"

나단 해치에 따르면, "사람들과 동일시"하는 것은 18세기 미국 "복음주의자들의 특징"이었다고 한다. 그러나 해치는 1840년대 이르러 (지금은 미국 내 가장 큰 개신교단인) 미국의 감리교인들이 어떻게 그들의 독특한 "존경받는 길로의 순례"(Pilgrimage to Respectability)를 시도하였는지 기록하고 있다. 이것은 아마도 "애즈베리의 뛰어난 공적"일 것이다. 즉 "그가 거부하기 어려운 존경받는 길로의 유혹"에서 감리교회의 선교의 질적 수준을 아주 오래 보존하였다는 것이다.[11]

웨슬리와 애즈베리의 유산은 많은 사람들에게 사라지지 않았으나, 그들의 교회는 변화하고 있었다. 황량한 초기 미국 감리교회 시대는 "더욱 세련되고 수준 높은 감리교회의 변화된 형식"에 자리를 내어 주었다. 이러한 변화들이 번영과 고상한 안정을 가져왔지만 거기에는 "이 운동이 보통 사람들을 위한 안식처라는 본래적 태생의 의의를, 잊을 수도 배반할 수도 없었던 사람들이 많이 있었다.[12]

해치는 19세기 중반에 있었던 인민당원들이 참여하는 종교 운동의 변화를 "소외(疎外)에서 영향력을 행사하는 변혁"이라고 설명한다. 1852년 인디애나 주의 13명 국회의원 중 11명이 감리교인이었고, 주지사와 상원의원들도 역시 감리교인이었다. 교회들은 커다란 예배당을 지었고, 오르간을 설치하였으며, 더 많이 배운 목사를 요구하였다.[13] 19세기 초 감리교회 설교자들을 주 의회와 국회 내 예배당 목사로 선정할 때, 애즈베리는 다음과 같이 경고하였다. "이제 우리는 인간으로부터 오는 영광을 누리기 시작한다: 지금 이때가 우리들의 위험한 시기다. 오! 하나님, 우리를 순수하게, 우리를 올바르게 그리고 우리를 거룩하게 지켜 주소서!"[14]

19세기 전반에 걸쳐 영향력 있던 설교자 나단 뱅스(Nathan Bangs)는 감리교가 대중적 지지기반을 확보해 가는 것을 지켜본 사람 중의 한 사람이었다. "중산층의 점잖고 도시적인 분위기"가 감리교 운동의 본래의 열정과 열의에 대한 진정성을 이제 부드럽게 만들었다. "애즈베리의 경력이 문화의 주변부에서 사역한 인민당원의 운동으로서 감리교의 승리를 대표한다면, 뱅스의 경력은 문화를 중시하며 문화의 중심부로 진입하려는 노력을 나타내 주고 있다."고 해치는 말한다. 해치는 어떻게 본질로부터 멀어져 간 운동들이 미국 내에서 종종 품위를 얻고 전문가적 기질을 인정받으며 사회적 지위를 습득하기 위해 급선회하는지를 관찰하였다.[15]

감리교회의 변화하는 특성에는 분명 이익이 있었다. 그러나 거기에는 문제점들도 있었다. 감리교와 그 구성원들 사이에 간격이 생기기 시작하였다. 일부 교회에서는 분열이 일어났다. 이러한 갈등의 결과로 다른 교파들과 운동들이 생겨나기 시작하였다.

계층 간의 긴장

상당히 많은 요인들이 분열을 조장하였다. 종종 거론하는 논점들은 신학, 사회적 논쟁들, 그리고 정치 형태들이다. 그러나 그 역사를 잘 살펴보면, 공식적으로는 아닐지라도 우리는 계층과 경제적인 이유가 교회에 일어나는 문제의 가장 큰 원인이라는 것을 알게 된다. 실제로 한 웨슬리안 학자는 지금까지 어떤 교파 분열도 "거룩함"에 대한 논쟁 이외에는 본질적으로 교리 문제 때문으로 보이지 않는다고까지 말하였다. 아우틀러는 분열의 이유를 더 세분하여 "사회풍조와 사회적, 윤리적, 구조적 논쟁들을 따라 진행되었다."고 강력히 주장한다.[16] 심지어 노예문제로 국가가 나뉘었던 19세기 중엽, 감리교회와 다른 교파 내에 일어났던 북부 교회들과 남부 교회들의 분열에는 훨씬 많은 이유가 있었다. 해치는 "길게 보았을 때 단일 교단 내의 계층과 교육, 사회적 지위들에 관한 그릇된 경계선이 종교적 긴장, 즉 북부 교회들과 남부 교회들 사이에 생긴 긴장보다 더 중요하였을 것이다."고 말한다.[17]

이러한 견해가 신학적, 사회적 논쟁들을 너무 과소평가하는지는 몰라도, 이것은 이러한 분열의 계층적 차원을 잘 설명해 준다. 감리교가 "존경받는 길로의 순례"를 추구함에 따라, 사람들은 점차 감리교인이 고향처럼 느끼는 것들과 심한 차이가 생겼고, 심지어 어떤 감리교인들은 점차 감리교에 불편함을 느꼈다.

많은 사람들에게 교파 분열을 초래한 아프리카계 미국인들의 경험은 계층과 인종이라는 것이 상당한 정도까지 초기 인류평등주의를 표방한 감리교인 모델을 대신하게 될 것이라는 초기 경보를 일찍이 보여 주었다. 아프리카계 감리교 성공회(African Methodist Episcopal Church)의 다니엘 A. 페인(Daniel A. Payne) 주교는 아프리카계 미국인들과 가난한 사람들에게는 낯익은 이야기가 된 것을 다음과 같이 지적하였다:

교회는 숫자상 몇 안 되고 경제적 조건이 열악할 때에는 흑인 회원들을 기꺼이 받아들이고 친절하게 대하였다. 그러나 교인 수가 늘어나고 그들의 조건이 향상되어 점차 번영하면서 사회적 지위가 상승하게 되자 과거에 노예였고 배척당하였다가 이제는 해방된 흑인들을 경멸스럽게 대하였다.[18]

지체 높은 감리교인들이 교회에 가려고 "잘 차려" 입은 반면에, 자유 감리교인들(The Free Methodists)은 그들보다 더 가난한 성도들이 불쾌해 하지 않도록 심사숙고하여 "수수하게" 옷을 입었다. 노예제도 철폐, 금주법, 교회 지정 좌석요금 등은 자유 감리교 운동이 추구하는 몇몇의 중요한 논쟁들이었다. 그러나 저명한 자유 감리교 지도자 B.T. 로버츠(B.T. Roberts)는 가난한 사람들을 위한 웨슬리안 열정의 회복은 이 교회 이면에 있었음을 분명히 하였다.

그리스도와 사도들이 속하였던 계층이자, 복음이 특별한 혜택을 주기 위해 마련된 무시당하는 가난한 사람들의 요구는 … 우리가 할 수 있는 모든 성실함과 힘을 다하여 지지받아야 한다.[19]

나사렛 교단을 이해하기 위해서는 미국의 "신성 운동(holiness movement)" 안에 있는 그들의 뿌리를 이해해야만 한다. 그러나 나사렛 교단의 초점은 분명히 그들이 감리교에서 무시당하는 사람들이라고 판단되는 가난한 사람들에게 맞추어져 있었다. 피니아스 브리지(Phineas Bresee) 목사와 같은 사람은 가난한 자들 사이에서 더 자유롭게 사역을 하기 위하여 감리교 내에서는 "성공적이었던" 교회들을 떠났다. 바로 나사렛이란 교단 이름은 가난한 사람들과 동질성을 알리기 위해 채택되었다. 이 교회는 부자와 가난한 사람이 함께하는 장소가 되기 위해 세웠다.[20]

대부분의 분열은 감리교처럼 대형 교단에서는 중요한 통계상의 차이를 나타내지 않았다. 이러한 사실 때문에 주류의 감리교 지도자들이 이러한 운동들이나 웨슬리안 증인들에게서 일어나고 있었던 일들을 무시한 이유였을지도 모른다. 그러나 그들은 어쩌면 이러한 운동들이 대변하는,

핑크(Finke)와 스타크(Stark)가 "다가올 고통에 대한 확실한 전조"라고 말한 것과 같은 것을 깨달았는지도 모른다.[21]

지식층의 분열

19세기 감리교와 가난한 사람들 사이에 나타나기 시작한 틈새는 20세기에는 더욱 커져 버렸다. 다른 주요 교파의 경우도 마찬가지였다. 이러한 교파들은 국가 발전과 매우 밀접하게 관련되어 있어 존 가드너(John Gardner)가 "엘리트의 분열"이라고 부른 거대한 미국의 현대 문제를 반영하고 있다.[22]

교회, 교육, 정부, 그리고 모든 다른 분야에서 특권을 가진 사람들은 그렇지 못한 사람들과의 접촉을 놓쳐 버렸다. 봉사로 그들의 이름이 잘 알려졌던 감리교와 같은 기관들은 이제 점점 더 많은 사람들을 관계가 단절된 사람들로, 또 "우리와 함께 하지 않는" 사람들로 구성되는 기관으로 변하고 있다.

오늘날 대부분 웨슬리안 모임의 지도자들은 계속해서 가난한 자들에게 중점을 둔다는 것이 얼마나 어려운 싸움인지 인정할 것이다. 대부분의 사람들은 자기 나름대로 설정해 놓은 "존경받는 길로의 순례"의 이상과 싸워 나가야 한다. 그러므로 우리 모두가 비록 모호한 면이 있기는 하지만 강력한 웨슬리안의 유산에서 출발한 방향과 영성을 회복하는 일을 겸손하게 추진해 나가는 것이다.

케네스 L. 카드너 감독은 새로운 정체성 확립을 위한 어려움과 가능성들을 열거한다. 그가 감독 선거 전에 섬기던 교회에서는 "예배를 위해 목요일 저녁마다 모이는 소모임이 있었다. 거기에 모이는 30~40명의 대부분의 사람들은 길거리와 지역 보호시설에 살았다. 어느 추운 겨울 저녁에 한 남자가 신발을 신지 않은 채 예배를 드리러 왔다. 우리 모두 곧 그 사실을 알았다. 우리 중 부유한 사람들은 그에게 줄 신발을 찾기 위해 허둥지둥 주변을 돌아다니기 시작하였다. 교회 안에서는 신발을 찾을 수 없었다. 상점들은 문이 닫혀 있어 밖에 나가 신발을 구입할 수도 없었다.”

그때 근처 저소득층 주택에 살고 있는 한 남자가 “신발이 없는 그 사람에게 가서 ‘내 신을 신으시오. 나는 집에 또 다른 신이 있어요.’ 라고 말하였다.” 카드너 감독은 “여러 켤레의 신발을 가지고 있는 우리가 결코 생각하지 못하였던 그 일을” 이 모임의 사람들은 “무의식중에 실천하였습니다.”라고[23] 말하였다.

오늘날의 도전

이러한 유산이 오늘날 웨슬리안 지도자들에게 주는 의미는 무엇인가?

미국의 가난한 사람들의 통계치는 놀라울 만큼 계속 증가하고 있다. 삼천만 명 이상의 미국인들이 가난하게 살고 있다. 더욱 안타까운 사실은 아동들이 가장 가난한 미국인들이라는 것이다. 가난한 사람들의 40%가 18살 미만이다. “고질적으로 가난한” 사람들의 50%가 아동들이다.

지난 십 년간 미국에서 두 번째로 빠른 성장을 보인 주택건설 분야는 이동식 주택이었다(첫째는 감옥이었다!). 이동 주택들은 “지형적, 경제적 그리고 문화적으로 미국 사회의 변두리 생활을 상징”하는 것으로 여겨왔다. 그 성장률은 60%였다. 오늘날 미국 주택의 일곱 채 중 하나는 이동 주택이다. 미국인 16명 중 한 명이 그곳에서 살고 있다.[24]

만일 연합감리교회와 대부분의 가난한 사람들 사이에 깊은 틈이 있다면, 그 틈 양쪽에 있는 사람들의 수는 같지 않다. 거기에는 가난한 사람들이 더 많다. 이것이 교회가 가야 할 길을 찾아 갈등할 때 하나의 단서가 되지 않을까?

도널드 데이턴(Donald Dayton)은 웨슬리는 가난한 사람들에 대한 열정을 위해 조직신학의 이론을 발전시킨 적이 없다고 주장한다. 그는 이러한 신학적 기초의 부재가 웨슬리 신학 유산의 커다란 결점이며, 또 그것이 후에 웨슬리안 운동에서 발견되는 모호함의 한 이유라고 보고 있다.25) 웨슬리가 그의 신학적 합리적 근거에 관해 전적으로 침묵하지는 않았다 하더라도, 이러한 비평은 일면 일리가 있어 보인다. 또 우리가 다른 곳에서 보았듯이 여기에서도 형식에 치우친 언어보다 생생한 현실에 나타난 웨슬리안의 본보기가 더 나은 것이 사실이다.

교회 안에 있는 우리는 가난한 사람들을 섬기라는 소명을 다시 들어야 할 필요가 있다. 우리는 섬김을 받는 것이 아니라 섬기라는 부르심을 받았다. 잠비아 연합교회의 전직 대표 콜린 모리스(Colin Morris)는 그의 집 앞에서 200피트도 되지 않는 곳에 한 잠비아 남자가 죽은 날에 관하여 말하였다. 병리과 의사는 그 남자가 굶주려 죽었다고 하였다. 쪼그라든 그의 위장에는 단지 나뭇잎 한 개와 풀잎 같은 것 한 덩이가 들어 있었다.

그날 오후 모리스는 당일 우편물로 그의 교회 소식지를 받았다. 그 소식지의 내용이 그를 분개하게 만들었다. 그 분개의 원인은 무엇이었는가? 어떤 사람들은 굶어 죽어 가고 있는데, 다른 사람들은 과잉 소비를 즐긴다는 사실 때문이었을까? 많은 아동들이 단지 출생 배경 때문에 남들보다 매우 늦게 인생의 경주를 시작한다는 사실 때문이었는가? 아니다. 영국 국교회 감리교 연구 위원회의 지난번 보고서 때문에 다른 보도가 지연되었기 때문이었다.

모리스에게 이 모든 것은 너무나 충격적이었다. 모순은 매우 컸다. 바로 교회의 문 앞 층계에서 사람이 죽어 가는데도 여기 교회는 교회제도 내부의 관심거리와 이해관계에만 몰두해 있었다. 그는 그 사건에 대해 다음과 같이 말하였다. "배가 쪼그라든 초라한 사람들이 교회의 허세를 환기시킨다."

"보이지 않는" 사람들

종교적 민중선동의 비극 중 하나는 1978년 가이아나 존스타운에서 900명이 넘는 짐 존스(Jim Jones)의 추종자들이 죽은 사건이다. 존스는 사람들의 사원 내 집단 동거 때문에 압력을 받게 되자 그의 추종자들에게 집단 자살 내지 살인 의식을 치르게 하였다. 특히 그 비극에 관련된 한 가지 독특하고 소름 끼치는 통계가 있다. 그러한 사건이 일어난 지 2년 후에도 찾아가지 않은 시신들이 251 구나 된다는 것이다. 나는 그 기사를 읽고 자문해 보았다. "우리 지역에 살고 있는 사람들 중 어떤 이들이 오늘 죽는다면, 2년 뒤에도 시신을 요구하지 않을 사람은 누구일까? 내가 다니는 교회 안에 그런 사람들이 있을까? 나는 그들이 누구인지 알고 있는가?"

그 운동을 함께 시작하였지만 마지막에 가서 존스를 떠나 살아남은 사람들에게서 존스 운동에 대한 몇 가지 설명을 듣는 것은 흥미로웠다. 그들이 처음 그 교회에 갔을 때, 많은 사람들은 그들이 "죽어서 천국에 갔다."고 생각하였다. 그곳은 아무것도 아닌 사람들이 인정받는 사람들이 되는 곳이었다. 그들은 사랑을 받았고 환영과 관심을 받고 있음을 느꼈다.

이들은 우리 교회 안에는 없는 사람들이다. 우리는 우리 교회 안에 없거나 우리 교회가 다다르지 못하는 '보이지 않는 사람들'을 찾기 위해 지역 사회와 교회에 관한 몇 가지 통계들을 비교해 볼 필요가 있다. 당신의 지역 사회와 교회에서 글을 읽지 못하는 성인의 비율을 비교하여 보라. 아동들의 수를 비교하여 보라. 장애인들의 비율을 비교해 보라. 독신자들의 비율을 비교해 보라. 지역 사회와 교회의 피부색과 민족에 따른 인종 구성을 비교하여 보라.

어떤 목사가 새로운 임지로 부임하였다. 첫 주일날 아침, 교인들은 예배를 시작하기 위해서 서재에서 나올 목사를 기다리고 있었다. 목사가 나타나지 않자 한 집사가 서재로 들어갔는데, 그는 목사가 창문 곁에 서 있는 것을 보았다.

집사는 "목사님, 우리는 예배를 시작할 준비가 되어 있습니다."라고 말하였다. 목사가 몸을 돌렸을 때, 그는 목사의 뺨을 타고 흘러내리는 눈물을 보았다. "무슨 일이십니까? 어디 편찮으신가요?" 하고 집사가 물었다. 이에 목사가 대답하기를, "아닙니다. 나는 골목에서 놀고 있는 저 더러운 꼬마들을 보고 있었습니다." 집사는 고개를 떨어뜨린 채로 대답하였다. "아, 네. 무슨 말씀인지 알겠습니다. 그러나 곧 익숙해지실 것입니다." 목사는 "나도 그러리란 것을 알아요. 그게 바로 내가 울고 있는 이유입니다."라고 대답하였다.

여기 우리 모두에게 점점 익숙해지는 것들이 있다. 여기 우리가 매일 보면서도 진정 보지 못하는 것들이 있다. 여기 우리가 알고는 있지만 실제로 전혀 알지 못하는 것들이 있다. 우리는 우리의 눈을 열고, 귀를 열고, 그리고 마음을 여는 일에 서로 도움이 필요하다. 그래야 우리는 웨슬리안 영성에 충실한 지도자가 될 것이다.

가난한 사람들을 위해 함께 모이기

구세군 문헌에는 윌리엄 부스(William Booth)가 한 감리교회의 교회 내부에 있는 그의 부인 캐서린(Catherine)에게 손을 흔드는 모습이 담겨 있다. 부스는 부인에게 가난한 이들의 필요에 응하지 못하는 교회에서 성급히 떠나는 자신을 따르라고 몸짓으로 알리고 있다.[26] 이런 이미지는 우리를 슬프게 한다. 그것은 가난한 사람들에 대한 웨슬리안 헌신의 영광과 실패를 함께 상기시킨다. 이러한 감리교 역사는 우리를 겸손하게 하고 사라지지 않을 가난한 사람들을 위한 강력한 힘을 발휘하게도 한다. 모든 세대에 걸쳐 새로운 웨슬리안 지도자들은 가난한 사람들과 짓밟힌 사람들 중에 견고한 웨슬리안의 사회적 위치를 되찾기 위해 노력한다. 바로 이것이 오늘날 우리의 소명이다.

여기 우리 웨슬리안 신학과 역사의 유산이 도움이 될 수 있는 또 다른 예가 있다. 만일 복음화, 사회 쟁점들, 그리고 신학적 입장들이 이념적인 전쟁터를 만들어 낸다면, 이때 우리를 한데 묶을 수 있는 것은 바로 가난한 사람들이다. 이들은 논쟁의 적법성을 훼손시키지 않는다. 이것은 오히려 쟁점들을 성서적, 역사적, 그리고 웨슬리안의 관점에서 바르게 논하게 한다.

예를 들어, 웨슬리안 전통을 따르는 두 명의 목사들이 서로 다른 신학적 길을 선택할 수도 있다. 그들은 서로 다른 신학적 조류들의 교육을 받았다. 그리고 그들은 서로 다른 신학교를 갔고, 다른 신학자들의 서적들을 읽었다. 그들은 서로 다른 잡지를 구독하고, 서로 다른 지방회의에 참석한다. 정말 이 두 목사는 웨슬리안의 신학적, 사회적 사상이 서로 다르다. 그들은 신학교를 졸업한 이래로 여태껏 한 번도 애매한 신학 사상을 가져 본 적이 없었다!

그러나 이 두 목사들이 같은 지역에서 섬기고 있다면, 그들은 서로 정기적으로 마주치게 될 것이다. 그들은 서점에서나 혹은 목회 연구 모임에서는 마주치지 않을 수도 있다. 그러나 그들이 진정 웨슬리안 전통을 따르고 있다면, 이 두 사람들은 그 지역 사회의 가장 가난한 사람들 사이에서 규칙적으로 마주치게 될 것이다. 바로 이것이 웨슬리안 영성에 근거한 리더십이다.

2

웨슬리안 영성에 근거한 리더십의 실천

제 5 장

다원화된 리더십을 행하다

다원화된 리더십

많은 사람들이 신약 성서에서 리더십의 역할과 직무를 추론한다. 그러나 그러한 리더십은 결코 개인이 독점적으로 소유할 수 없는 것이다. 오히려 리더십의 책임은 항상 신앙 공동체 전체의 것이다. 다양한 시대에 서로 다른 사람들이 변화하는 환경에 근거하여 이러한 책임들을 신실하게 수행하였다. 어떤 시대에도 공동체에 대한 신뢰보다 리더십이 더 큰 신뢰를 받은 적은 없었다.

리더십은 공동체를 위하여 존재한다. 성서에서 직위와 직무는 지도자들을 통하여 공동체에게 권위를 선사한다. 여기에는 또한 이러한 직무를 수행하는 책임에 대한 공동체의 이해가 존재한다. 신앙 공동체는 이러한 책임들에 대한 성실한 청지기 정신을 기대한다. 명예와 권위는 결코 책임과 효율성에서부터 분리되지 않는다.

이사야가 성전에서 겪은 경험(사 6장)은 매우 개인적인 용어로 표현되어 있다. 이 영적인 사건에는 개인적인 확신과 고백 그리고 용서의 강력한 감각이 분명하게 들어 있다. 이사야는 하나님의 엄청난 거룩하심에 직면한다. 이사야는 섬김을 위해 부르시는 하나님의 음성을 듣는다. 이것은 리더십에 대한 한 개인적인 소명이지만, 이사야가 응답한 그 리더십은 개인적인 것과는 거리가 멀다. 그 소명은 공동체에서 나왔으며 공동체를 위한 것이었다. 이사야에 대해 매우 잘 알려진 질문은 "내가 누구를 보낼 것인가? 그리고 누가 우리를 대신하여 갈 것인가?(사 6:8)"이었다.

역동적이고 유동적인 리더십에 대한 이해로서 다원화된 리더십을 생각해 보라. 리더십은 서로 다른 때에 따라 서로 다른 방법들에서 서로 다른 사람에게서 나타난다. "다원화된 리더십"은 마리 파커 폴레트(Mary Paker Follett)에게서 유래된 말이다. 맥스 디프리(Max Depree)는 이와 비슷한 의미로 "이동하는 리더십"이라는 개념을 사용한다. 레티 러셀(Letty Russell)은 조직 내에서 일어나는 "일시적인 불균형"이라고 말한다. 불균형처럼 보이는 것은 사실 어떤 특별한 사람들이 이끌던 순간이며, 이것은 다른 사람들이 이끄는 다른 시기로 이어진다.[1] 이처럼 리더십의 임무는 고정되거나 변덕스러운 그때그때의 할당이 아니다. 그것은 공유한 비전을 성취하기 위해 필요 적절할 때 함께 일하는 창조적인 방법이다.

웨슬리안의 예들

웨슬리안 운동 초기부터 많은 사람들이 지도자로서 역할을 감당하였다. 서로 다른 사회적 지위를 가진 사람들이 하나님의 열정적인 운동을 이끌어 가는 데 도움을 주었다. 웨슬리안 계열에는 리더십을 향한 하나의 노선이 없었다. 리더십은 영국 교회 성직자들은 물론, 채석공, 화가, 출판업자, 빵 굽는 사람, 구두 수선공, 교사에게서도 생겨났다.[2] 지도자들은 남성과 여성, 성직자와 평신도, 귀족 출신과 평민 출신, 흑인과 백인이었다.

웨슬리안 전통에서 다원화된 리더십의 예는 완벽하지 않고, 항상 일관된 것도 아니다. 그러나 그들의 방향에는 몇 가지 아주 분명한 주안점들이 있다.

평신도 설교자들

다원화된 리더십의 한 가지 예가 평신도 설교자들을 이용한 것이다. 웨슬리 시대에 "우리가 어디에서 종교의 리더십을 찾을까?"라는 질문을 한다면, 그 대답은 분명히 "성직 안수를 받은 사람들 중에서"일 것이다. 평신도 설교자들을 위한 리더십의 개념은 교회 안에서 리더십에 접근하는 평범하고 관례적인 방법이 아니었다. 그러나 감리교인들 사이에서는 다방면의 리더십의 형태가 평신도 설교자들을 통하여 나타났다.

존 웨슬리를 다원화된 리더십으로 이끌어 갔던 것은 이성이나 기질보다는 경험이었다. 웨슬리는 그의 삶에서 너무도 많은 논쟁들 때문에 대립되는 주장 사이에서 철저히 찢겨졌다. 칭찬할 만한 것은 그는 대부분의 시간을 가장 효과적인 복음 선포를 위해 최상의 선택을 하였다는 점이다. 웨슬리는 얘기할 때 겉으로는 리더십에 관한 것들을 포함한 많은 논쟁의 양면을 다 논하였다. 그렇지만 웨슬리안 운동의 분명한 특징은 널리 퍼져 있는 영성에 대한 증언을 생산하는 것이다.

리처드 하이젠라터(Richard Heitzenrater)가 상세히 열거하듯, 토마스 맥스필드(Thomas Maxfield)의 이야기는 웨슬리의 고군분투를 설명해 준다. 맥스필드는 브리스톨에서 존 웨슬리의 설교를 듣고 종교적 체험을 하였다. 그는 찰스 웨슬리와 함께 신도회들(Societies)을 방문하는 여행을 시작하였다. 몇몇 지역에서 맥스필드는 웨슬리 형제가 없을 때 신도회에서 설교를 하였다. 후에 헨리 무어(Henry Moore)는 그 다음에 어떤 일이 일어났는가에 관한 이야기를 기록하였다.

웨슬리는 그의 어머니에게 "맥스필드는 설교자가 되었습니다."라고 말하였다. 수산나 웨슬리는 대체로 평신도가 설교하는 것을 찬성하지 않았지만, 그녀의 반응은 그녀의 상반되는 마음을 그대로 드러냈다. 그녀는 자기 아들에게 주의를 주었다. "네가 그 젊은이를 존중해 주는 것에 조심하기 바란다, 그도 너처럼 설교에 대하여 하나님의 확실한 소명을 받았으니 말이다. 그가 설교하는 것의 열매가 무엇인지 살펴라, 그리고 너 자신도 또한 그를 경청하라." 웨슬리는 "진리의 힘 앞에 복종하였다."고 이야기하였다.3)

감리교는 평신도 설교자들이 없었다면 숫자적으로 성장할 수도, 지역을 확장할 수도 없었을 것이다. 웨슬리가 1769년 미국으로 보낸 두 명의 평신도 설교자는 리차드 보드맨(Richard Boardman)과 조셉 필모어(Joseph Pilmore)였다. 하나님의 선행 은총, 칭의, 성화의 은총이라는 웨슬리안의 메시지를 미국의 광대한 지역에 처음으로 소개한 것은 바로 평신도 설교자들이었다. 피터 카트라이트(Peter Cartwright)는 누구도 이것을 결코 잊으면 안 된다고 한다. 그는 "하나님께서 웨슬리를 높이 들어 세워서 이루고자 하였던 영화로운 일을 위해, 잠자는 세상을 깨울 '평신도 설교자들을' 보내야 한다는 것을 웨슬리가 운 좋게도 알아 차렸다."고 평가하였다. 카트라이트는 만약 애즈베리 감독이 "문학적인 설교자들"을 기다렸다면, 불신앙이 미국을 온통 휩쓸어 버렸을 것이라고 염려하였다.4)

평신도 설교자들의 리더십으로 웨슬리안 운동의 인류평등 정신과 실용주의적 접근은 자연스럽게 확장되었다. 리더십에 관한 한 이념이 변화의 동기가 되지 않았다. 예수 그리스도의 복음에 대한 열정이 구체화 된 것이다. 존 웨슬리는 영국 국교회 전통과 뿌리들을 인정하였다. 그러나 그에게 보다 더 가치가 있는 것은, 개인적 사회적 성화를 이루기 위해 사람들과 국가 사이에 기독교 메시지를 널리 알리는 것이었다.[5]

평신도의 설교가 존재하였을 뿐 아니라, 그것은 진정 "미국 감리교의 우량마크가 되었다."[6] 평신도 설교자들은 초기 감리교를 상당히 성장하게 하였고, 수년 동안 계속해서 웨슬리안 전통의 특징이 되었다.

여성들

종교 리더십은 남성의 리더십이라는 것은 웨슬리 시대의 많은 사람들에게 한결같이 "분명한" 것으로 받아들여졌을 것이다. 그러나 영국과 미국 교회 여성들의 리더십은 리더십을 훈련하는 사람들의 보다 넓은 이해의 또 다른 예를 제시한다.

초기 사회와 계층의 많은 지도자들은 여성들이었다. 사회 지도자들이 남성보다 여성이 더 많은 것은 아주 흔한 일이었다. 영국과 미국의 설교자 중에는 여성들도 있었다. 진 밀러 슈미트(Jean Miller Schmidt)는 미국 감리교 여성들의 역사를 연구하였다. 그녀는 "조사에서 놀란 것 중 하나는 여성들의 설교와 영적 리더십이 나와 다른 학자들이 짐작하였던 것보다 훨씬 일찍 일어났음을 발견한 것이다. … 여성들은 복음을 전하는 소명을 경험하였고, 그들 중 몇몇은 1810년대와 1820년대와 같이 이른 시기에 (성직 안수를 받지는 않았지만) 이미 순회 설교자가 되었다."라고 기록하였다.[7]

신실한 증인인 감리교 여성들은 기독교 역사에서 새삼스러운 것이 아니었다. 오히려 폴 질코트(Paul Chilcote)는 초기 감리교의 여성 지도자들이 그리스도의 부활과 그 이후부터 "반복된 주제의 유일한 징후"임을 깨달았다. 그는 또 "교회 역사의 부흥기마다 여성들의 출현이 뚜렷하였다."는 것에 주목한다.[8]

질코트는 교회의 리더십에 대하여 "웨슬리가 일찍 여성들의 재능을 인식하는 데 기여한" 몇 가지 요소들을 확인하였다. 주요 영향은 "그의 어머니, 청교도적 유산 상속, 초대 교회의 실제에 대한 그의 재발견, 그리고 그의 모라비안들과의 우정"이었다. 더욱이 그 운동의 영성은 영적, 사회적 해방을 하나로 합친 것이었다. "웨슬리안의 신앙 부흥 운동은 … 장벽을 허무는 운동이었다."라고 말하였다.[9]

웨슬리 시대에 안수 받은 설교자들로서 여성들의 리더십은 결코 평범한 일이 아니었다. 그러나 여성들에게 확장된 리더십의 역할은 기대하지 못하였던 장소에서 나타난 다원화된 리더십이라는 방법을 통하여 인정받게 되었다. 이러한 현장은 완벽하거나 일관되지는 않았다. 그러나 다원화된 리더십에 대한 분명한 특징이 있다. 이러한 경향에 갈등이 없었던 것은 아니었지만 해가 거듭될수록 더욱 완벽하게 발전하였다.

계층

웨슬리 시대에 관습적인 지혜는 종교적 리더십을 훨씬 더 제한시켰다. 거기에는 계층의 제한을 두는 것인데, 이는 교회 지도자들이 계층에 제한을 두어 잠재적인 지도자들의 범위를 좁히려는 생각이었다.

웨슬리안 운동의 다원화된 리더십은 계층의 장벽을 허무는 데서 시작하였다. 웨슬리안 신앙부흥 운동의 엄청난 성공은 분명히 오늘날 소위 교회의 "전통적인 지반"이라고 부르는 것들을 뛰어넘을 수 있는 능력 때문이었다. 감리교 지도자들은 거의 모든 삶의 노정과 모든 환경에서 나타났다. 그 운동이 전통적인 지도자들보다 경험도 없고 그들과는 다른 사람들에게 리더십의 길을 열어 주는 것만으로 살아남은 것은 아니었다; 그러나 이 운동은 정확하게 말하자면 이러한 리더십 때문에 성장하고 발전하였다. 감리교는 서로 다른 계층에 헌신적이며 훈련된 다양한 지도자들이 있었기 때문에 모든 이들에게 제자로 부르시는 하나님의 초대를 효과적이고 활력 있게 전할 수 있었다.

에른스트 트뢸치(Ernst Troeltsch)는 "감리교는 중상층과 하류층에 인격의 신성함에 대한 새로운 감각을 가져왔다."고 회상하였다.10) 아우틀러는 이 인격의 신성함이 속회(Class meetings)에서 생겨난 리더십의 책임에서 나왔다고 믿었다. 많은 사람들이 리더십에 참여하였다. 웨슬리안 운동의 성공은 대부분 소그룹에서 출발하였다. 모든 회원들은 높은 수준의 리더십이 서로 그 그룹에 대한 책임에서 기인한다고 생각하였다. 아우틀러가 지적하였듯이, 웨슬리 운동의 많은 참가자들은 거리 밖의 개성 없고 보잘 것 없는 사람으로 보였다. 그러나 이 그룹에서 교회와 사회의 모든 세대를 위한 미래 지도자들이 존경과 위엄과 자격을 발견하였다. 그들은 가치에 대한 이러한 새로운 감각을 통하여, 이전에 친숙하지 않던 리더십의 역할을 경험함으로 그들은 하나님의 새로운 비전과 하나님을 위한 지도자들로서 그들 자신의 잠재력을 발견하였다.11)

애니 딜라드(Annie Dillard)는 인간의 잠재력의 개발을 이렇게 기록하였다.

나는 나의 전 생애에 벨 하나를 간직하고 있었네
그리고는 그것을 전혀 모르고 지냈지

바로 그 순간이 오기까지

내가 높이 들려 그 벨이 두드려질 때까지.[12]

인종

영국에서처럼 미국에서도 사회의 변두리에 사는 사람들은 웨슬리안의 메시지를 즐겨 들었다. 미국 감리교운동 초기부터 아프리카 미국인들은 웨슬리안의 메시지를 통하여 희망을 보았던 사람들이었다. 아프리카 미국인들은 속회와 모임의 일부였는데, 그들의 숫자는 점점 증가하였다.[13]

아프리카 미국인들은 비록 그들과 비슷한 일을 하는 백인들과는 다른 제한적인 역할을 가지고 있었지만, 평신도 설교자들로서 봉사하였다. 그들은 지역의 설교자의 자격을 얻었고, 후에는 순회 설교자의 자격도 얻었다. 아프리카 미국인 설교자들의 출현은 대부분의 교단에서는 어색한 것이었다. 아프리카 미국인들은 이 사실을 아주 잘 알고 있었다. 지역 법이 아프리카 미국인 설교자를 금지하였을 때, "권고자"라는 구분이 설교자의 역할을 담당하였던 아프리카계 미국인들의 호칭이 되었다.

현대 감리교인들은 결코 초기 아프리카 미국인 설교자들의 공헌의 진가를 완전히 알지 못할 것이다. 윌리엄 B. 맥클레인(William B. McClain)에 따르면 그 당시에 흑인이 설교자가 되려면 "대단한 용기와 재주, 기교"가 있어야 하였다.[14] 그들은 그때의 모든 감리교 설교자들이 부닥친 어려움에다가 더 나아지기는커녕 더욱 악화되는 비인간적인 사회 상황의 어려움에 직면하였다.

이러한 설교자들 중 가장 대중적 인기를 받은 사람은 "검은 해리(Black Harry)"로 알려진 해리 후저(Harry Hoosier)였다. 토마스 코크(Thomas

Coke)는 한때 후저를, 그는 글도 읽을 수 없는 사람이었지만 "이 세상에서 가장 훌륭한 설교자들 중 한 사람"이라고 치켜세웠다. 존 스튜어트(John Stewart)는 미국 원주민들 사이에 행한 선구자적인 사역으로 선교에 있어서 뛰어난 인물로 평가 받는다. 헨리 에번스(Henry Evans)는 능숙한 교회 조직가였다. 리처드 알렌(Richard Allen)과 야레나 리(Jarena Lee)는 아프리카 감리교 감독파(the African Methodist Episcopal) 전통의 탁월한 설교자들이었다. 잘 알려진 사람들에서부터 지금은 역사 속으로 사라진 사람들까지 아프리카 미국인 지도자들은 웨슬리안 운동에 중요한 공헌을 하였다.[15]

이러한 리더십은 다원화된 리더십의 한 예로서, 이는 많은 다른 교회들에서 리더십으로 여기지 않았던 근원에서 나타났다. 우리의 모든 예들이 함께 보여 주는 것처럼 인종을 초월한 리더십의 출현은 처음부터 완벽하지 않았다. 다른 비전통적인 지도자들이 감리교 내에서 제한된 리더십의 기회를 얻었을 때, 흑인들은 이런 사람들과 인종차별 때문에 그들보다도 더 큰 장애물에 직면하였다. 그러나 절망들을 극복하고, 가장 어려운 삶의 정황의 한복판에서 보여 준 아프리카 미국인의 리더십의 성실한 본보기는 오늘날 우리가 더욱 열린 마음으로 리더십을 볼 수 있도록 계속하여 우리를 부르고 있다.

모델이 아닌 방향

폴 질코트(Paul Chilcote)에 따르면 "영국 사회 주변으로 밀려난 사람들이 종종 웨슬리안 부흥운동의 중심에서 그들의 길을 찾았다."고 말한다. "감리교는 그들의 리더십을 그 내부에서 창조하였다. 노동자 계층과 평민

들, 여성들에게 권한을 부여하고, 그들이 하나님 말씀의 능력 있는 봉사
자들이 되도록 훈련하였다."16)

리처드 하이젠라이터는 "웨슬리의 교구는 지역의 경계가 없었을 뿐 아
니라 성도들의 가문도 좋지 않았다."고 말하고, "그러나 웨슬리의 목회관
은 그의 활동이 사람들을 돕는 데 있어서 하나님의 구속이 인간성을 변화
시킬 수 있다는 통전성을 받아들이는 성서적인 기독교의 비전에 맞기만
한다면 제한이 없었다."고 말한다.17)

아주 희미하게 나타나는 다양한 리더십이 웨슬리안 전통에 있음을 단
언한다. 리더십과 소명을 연결하는 데 사역의 결과물이 한 사람의 리더십
이 완전한지를 결정짓게 한다는 웨슬리의 주장은 그를 다른 사람들보다
더 민주적인 정신을 갖게 하였다. 그러나 웨슬리의 확장되는 리더십의 접
근이 일반적으로 사람이 받은 "특별한 소명"에 대한 순응이라는 것 또한
사실이다. "보통의" 구조들은 대부분의 영역에서 변함없이 지탱되었다.

우리는 영국과 미국이 모두 완전하고 포괄적인 다원화된 리더십의 원
칙들에 대한 장애가 있었음을 인정해야 한다. 아프리카 미국인들이 참아
낸 경멸이 그 중에서 가장 분명한 몇몇 예들이다. 오늘날 웨슬리안 증인
이 분리된 것은 증인들이 만들어 낸 과거의 죄 때문이다. 평신도, 여성들,
평신도 설교자들은 모두 지도자로서 완전한 인정을 받기 위해 투쟁해야
만 하였다. 다원화된 리더십의 영성을 현실로 만들기 위한 투쟁은 여러
방면에서 오늘날에도 계속되고 있으며, 앞으로도 계속될 것이다. 그러나
우리는 여전히 웨슬리안 운동과 웨슬리 자신에게서 우리가 그 당시에 통
속적으로 기대하였던 것보다 더 많은 다원화된 리더십 영성을 발견한다.

모두가 지도자들

다원화된 리더십은 몇몇의 사람들은 지도자들이고 그 외의 다른 사람들은 추종자들이라는 신화의 현주소를 찾는 데 도움이 된다. 현실은 모두가 지도자들이고 또 추종자들이다. 중요한 것은 그 중 어떤 것이 되는가를 아는 것이다. 우리는 모두 매일 매일의 삶의 여정 속에서 끊임없이 한 존재나 다른 한 존재 사이에서 이리저리 왔다 갔다 하고 있다.

마리 파커 폴레트(Mary Parker Follet)는 어떤 학교에 새로 부임한 초등학교 선생님에 관하여 말한다. 이 학교에는 선생님들이 학교 수업을 마칠 때 분필, 지우개, 칠판을 어떻게 해야 하는가에 관한 합의된 방침들과 절차들이 있었다. 그러나 분명하고도 반복된 지시에도 불구하고, 새로 온 선생님은 그것들을 따르지 않았다.

여러 날이 지나갔다. 수많은 시정 조치들이 있었지만 그 선생님은 어떤 행동도 하지 않았다. 마침내 어느 날 오후에 청소부가 그 선생님에게 다시 한 번 분필, 지우개, 칠판에 관한 방침과 절차를 설명하기 시작하였다. 그러나 그 선생님은 그 설명을 잊은 듯 평상시처럼 짐을 챙겨 떠나려고 하였다. 청소부는 그것이 뚜렷한 관심의 부족임을 깨닫고서는, 중도에 지시를 그만두었다. 그는 그 선생님에게 "죄송하지만, 선생님은 청소부의 감독 아래에서 일하는 게 익숙하지 않은 것이 분명하군요."라고 말하였다.

청소부는 옳았다. 그러나 그 선생님은 잘못되었다. 그 선생님은 '내가 지도자야.' 라고 생각하였다. 그 당시에는 대부분이 선생님을 지도자라고 여긴다는 선생님의 생각은 맞았다. 그러나 이러한 특별한 상황에서 선생님은 따르는 자였고 그 청소부는 지도자였다. 그들의 방침을 발전시키기 위해 모든 사람과 함께 일하였던 사람은 바로 청소부였다. 그 학교 안의 모든 사람이 이러한 리더십의 요구를 수행하는 것을 지켜보았던 사람도 청소부였다.

레티 러셀은 우리에게 "권력이란 합이 영(Zero)이 되는 게임으로 이해되지 않기 때문에, 너무나 많은 지도자들은 있을 수 없다"는 것을 상기시켜 준다.[18] 오히려 권력과 리더십은 나누어질 때 배가 된다. 권력을 파이처럼 고정된 합이라고 생각해 보라. 당신이 가진 파이 조각이 크면 클수록 내가 가질 수 있는 파이는 작아진다. 대신 권력을 "늘어나기 쉬운 파이"라고 생각해 보라. 하나님의 괴상한 계산법에서는, 당신이 가지고 있는 권력이 크면 클수록, 파이는 더 커지고 내가 가지고 있는 권력의 조각도 커진다.

다른 말로 하면, 내가 기꺼이 당신에게 영향을 받으려 하면 할수록, 당신은 나에게서 더욱 영향을 받게 될 것이다. 따라서 권력을 주는 것과 받는 것은 다원화된 리더십을 실천하는 것과 동일한 경험의 일부다. 이러한 관점에서 너무 많은 지도자들이 있을 수 없다. 정말 권력과 리더십은 나누어질 때 배가 되고 많은 사람들이 지도자가 된다.

이러한 리더십과 권위에는 잠재적인 하향이 있다. 전체 교회를 통괄하는 강권적이고 통일된 비전이 없을 때, 힘이나 효과를 거의 주지 못하면서 에너지가 많은 방향으로 분산되는 경향이 있다. 만약 다원화된 리더십이 규칙이 되려고 한다면, 역사 안에서 바로 이 시대에 교회를 위한 하나님의 비전을 식별하고, 구체화하며 그리고 함께 나누는 것이 불가피하다.

리더십의 다원화된 중심들

우리는 모두 다 지도자들이다. 우리는 모두 사역자들이다. 우리 모두 하나의 사역을 가지고 있다. 사역은 하나님의 모든 사람들에게 속한다.

이러한 사실은 내가 몇 년 전 영국에 있을 때 겪은 사건을 통하여 극적으로 나에게 다가왔다. 런던에는 저소득층 노동자들과 사역을 하고 싶어 하는 꿈을 가졌던 존(John)이란 이름의 로마 가톨릭 신부 한 사람이 있다. 몇 년이 지나도 하고자 하는 일이 가능해지지 않자, 그는 거리 청소부 일을 얻었다. 신부인 것을 비밀로 한 채, 그는 매일 동료 노동자들 사이에서 그의 사역을 찾았다. 이것은 놀라운 효과가 있었다.

그는 다른 청소부들보다 좀 더 늙었고 조금 느렸다, 그리고 매일 저녁마다 그가 다 끝내지 못한 일들이 남았다. 다른 거리 청소부들은 그가 할당받은 일을 끝내는 것을 도와주었다. 그들은 불쾌해 하지 않았다. 그들은 존이 다른 사람들보다 좀 더 늙었고 느리기는 하지만 이야기를 매우 잘 하는 사람임을 빨리 알아차렸기 때문이다. 그들이 봉급이나 근무 조건들에 관하여 어려움을 겪을 때, 그들은 그것을 존에게 설명하고, 그가 그들을 위해 권력자들에게 말해 주기를 원하였다.

어느 날 아침 존이 일하러 왔을 때, 동료 노동자들의 한 소그룹이 많은 경우에 어떤 문제들로 그러하였듯이 그를 기다리고 있었다. 그들의 표정은 평소보다도 더 고민스러워 보였다. 그들은 말하였다. "존, 끔찍한 일이 일어났어. 오늘 아침 조가 숨진 채 발견되었어." 조는 마흔 살 된 동료로, 골목의 한 창고에서 죽었다. 그들은 말하였다. "우리가 알았더라면…. 조가 살 곳이 없다는 것을 알았더라면, 그를 도울 수 있었을 텐데. 조가 아팠다는 것만이라도 알았더라면, 뭔가 할 수 있었을 텐데. 조가 어려움을 겪고 있었다는 것을 알기만 하였더라면, 우리는 어떤 식으로든 도울 수 있었을 텐데. 이젠 너무 늦었어. 조는 죽었어. 우리는 결코 그를 위해 아무것도 할 수가 없어."

존이 말하였다. "자네들이 잘못 생각하는 거야. 조를 위해 뭔가를 하기에 너무 늦지 않았어." "무슨 뜻이야?" 그들은 말하였다. "그는 죽었어. 우리가 어떻게 그를 도울 수 있지?" 존은 말하였다. "우리는 그를 위해 품위 있는 장례식을 선사할 수 있잖아." 그들은 대답하였다. "그것 참 멋진 생각이네. 하지만 어디서부터 장례식 준비를 시작해야 할지를 모르잖아." 바로 이때 존은 자신이 신부임을 밝히고, 그들의 장례 계획을 도와줄 수 있다고 말하였다.

주말에 조의 장례식은 존 신부의 집례로 교회에서 거행되었다. 런던에 있는 모든 곳에서 거리 청소부들이 장례식에 왔다. 이제 신부 복장을 갖춘 존이 장례식을 집례하였다. 장례식은 끝났지만 누구도 먼저 일어나지 않았다. 앞자리 가까이에 앉아 있던 청소부들 중 한 명이 일어서서 거기 모인 청소부들의 물결을 보았다. 그는 얼굴에 어리둥절하고 당황한 빛을 보이며 말하였다. "얼마나 더 많은 신부들이 여기에 있을까?"

그것은 기독교의 제자도에 관한 질문이며, 교회 내 기독교 리더십에 관한 질문이다. "우리가 높은 지위를 위해 누구를 선택할 것인가." 하는 질문이 아니다. 그것은 중요한 질문이지만, 질문의 본질이 아니다. 하나님께서 오늘날 교회에 있는 우리에게 하시는 질문은 "온 교회를 통틀어 하나님을 위해 얼마나 많은 목사들, 지도자들이 있는가?" 하는 것이다.

지방의 교회든 교단이든 간에 교회 부흥과 갱신이 일어나는 기간 동안 얼마나 자주 다원화된 리더십이 존재하는지가 중요하다. 새롭게 비전을 가지고 다시 활력을 띠는 시대에는 서로 다른 지도자들의 모든 세대들이 함께 교회와 사회에 출현하는 때다. 누가 이끌 수 있는가에 관한 전통적인 생각들이 계층, 성(性), 인종, 그리고 성직자의 직분 차이로 제한되지 않고 한창 왕성한 다원화된 리더십을 제지하지 못한 때가 바로 이러한 시대다.

이것이 바로 웨슬리안의 부흥 전통 안에 존재하는 것이다. 이는 전 세

대의 리더십, 즉 다원화된 리더십은 교회와 사회가 수십 년간 여러 세대
동안 이익을 얻은 것에서부터 등장하였다.

　제임스 코즈(James Kouzes)와 배리 포스너(Barry Posner)는 그들이 지
은 책 「리더십의 변화」(The Leadership Challenge)에서 이러한 영성을 잘
소개하고 있다. "모든 사람 안에 있는 지도자를 해방시켜라. 그러면 특별
한 일이 일어날 것이다."[19)

제 6 장

중앙과 주변부에서 인도하다

여러 가지 면에서 존 웨슬리는 조직의 중앙을 대표하였다. 그는 초기 웨슬리안 운동의 다른 주요 지도자들처럼 "대학 출신자"였다. 그럼에도 불구하고 그는 선택과 소명으로 주변부로 이동하였다. 우리는 웨슬리가 사회 변두리에 있는 사람들과 함께한 목회가 생산적이며 평생을 두고 한 것임을 알고 있다. 트뢸치는 감리교가 "중산층과 하류계층에서 승리를 얻어냈다"고 보았다.[1]

웨슬리는 대학생들에게 설교하였고, 광부들에게도 설교하였다. 그는 "모든 부류의 사람들"에게 다가갈 수 있게 찬송가와 예배 형식을 수정하는 것을 자유롭게 여겼다.[2]

그는 변두리에서 효과적으로 사역하는 동안에도, 중앙과 접촉하면서 중앙의 중요성을 잊지 않았다. 웨슬리는 변두리나 중앙 어느 한 쪽을 배타적으로 선택하지 않았다. 그것은 웨슬리가 변화에 자유로운 신학적이고 예전적인 중앙에 그 근거를 두고 있기 때문이었다. 그는 믿음 안에 있는 본질과 복음보다 자신의 문화와 계층과 관계를 갖는 "감정들" 사이를 구별할 수 있었다.[3]

미국의 예

미국 감리교에는 중앙에서 사역하는 것과 변두리에서 사역하는 것의 분명한 예가 몇 가지 있는데, 그것들은 동시에 일어나기보다는 연속해서 일어나는 경향이 있었다. 교회는 사회 안에 형성된 두 지역에 한 가지 방법으로 사역하려고 한다. 만일 지역이 변두리가 되었다면, 주변부에서 사역하는 것이 유일한 선택이 될 것이다. 문화의 중심부에 있을 때에는 거기에서 지도력을 발휘하는 것이 논리적이지만, 그러한 통솔력은 가끔 웨슬리안 증언의 역동적인 긴장감을 잃게 한다.

변두리에서 사역하기 - "가장 하찮은" 종교단체

변두리에서의 리더십을 보여 준 것은 18세기 후반부터다. 1776년 미국 교인들의 2.5%가 감리교인이었다. 55%가 넘는 교인들이 회중교회, 장로교회, 영국 국교회 교인들이었다. 심지어 어떤 사람들은 현재 상황에 기초하여 100년 안에 모든 교인들이 이 세 가지 교파에 속하게 될 것이라고 예언하기까지 하였다.

외견상으로는 감리교인들 중에 대학 교육을 받은 성직자의 리더십은 없었다. 기존 교회의 교인들은 감리교인을 공격하였다. 초기의 하버드 총장과 교수들은 만장일치로 감리교 복음주의자인 "성직자 조지 휫필드를 반대하는 선언"을 하였다. 뛰어난 설교가 라이먼 비처(Lyman Beecher)도 비슷한 의견을 품고 있었다. 그러한 감정은 1814년 예일대 학위 수여식에서 나타났다. 비처는 감리교인을 염두에 두고, "무식한 사람들은 결코 하

나님의 목적을 이루기 위한 선택된 도구들이었던 적이 없다.”고 하였다.[4]

나단 해치는 이러한 교회 지도자들의 변두리로 내몰린 위치를 우리에게 상기시킨다. 그는 그들을 “이방인, 침입자, 변두리 사람들”이라고 말한다. 그러나 그들은 “소동을 일으키고, 논점들을 명확하게 하였으며, 조직을 형성하였고, 다음 세기에 아주 많은 시민들의 마음과 정신을 사로잡는 복음을 설교하였다.”고 말한다.[5]

많은 경우에 그러하였듯이, 프랜시스 애즈베리가 1797년에 감리교인들은 “중심에서 주변으로 자원을 끌어내야 한다.”고 말한 것은 지리적인 차원 이상을 염두에 둔 것이다. 애즈베리는 감리교가 일반 대중들의 신앙이 되기를 원하였다. 해치는 애즈베리가 “하층민, 백인과 흑인을 포용하기 위해 운동의 중심에서 주변으로 재원을 옮기기 위해 꾸준히 애썼다.”는 데 주목한다. 애즈베리는 성직자의 리더십은 모든 “신사의 장식물”-의복, 예절, 물질적 보장을 포함하여-을 제쳐 두어야 한다고 주장하였다. 그는 “우리가 가난한 사람들을 위해 수고하려면 그들과 함께 고통을 받아야 한다.”고 말하였다.[6]

역사가 윌리엄 워런 스위트(William Warren Sweet)는 그 시대의 감리교의 변두리적인 상황을 깨닫고 있었다. 그는 “미국 혁명이 끝날 무렵 미국 내 모든 종교 단체 중에서”라고 운을 띄운 뒤 “감리교회는 수로 보나 영향력으로 보나 가장 하찮았다.”고 말하였다. 스위트에 따르면, 그들은 미국에서 “가장 작고 초라한 종교단체”였다.[7]

주변부에서 중심부로

웨슬리, 애즈베리와 다른 사람들은 미국 웨슬리안 운동에서 대부분 일어났던 일종의 "존경받는 길로의 순례"를 염려하였고, 경고하였다. 웨슬리는 한번은 "기독교, 그러니까 참된 성서적 기독교가 시간이 흐르면서 그 자신을 파괴하고 손상시키는 경향이 있지 않은가?"라고 (아직 그렇게 되지는 않았지만) 물었다. "참된 기독교가 퍼진 곳이라면 어디든지 근면함과 검소함이 생겨나야 하고, 자연스런 과정 중에 부(富)가 생겨나야 한다! 그리고 부(富)는 자연히 자만심과 이 세상에 대한 사랑 그리고 모든 기질을 생기게 하는데 이것이 기독교를 파괴한다."는 것이 그의 지론이었다.[8]

19세기 전반에 선구적인 감리교 설교가들 중 가장 화려하고 성공적인 사람 중 하나는 피터 카트라이트(Peter Cartwright)였다. 어떤 때 그는 교육받은 성직자를 주장하는 교파들에 대하여 이렇게 말하였다.

[그들은] 교육받은 목회자, 교회 좌석 수, 기악, 교인 또는 주(州)에서 봉급을 받는 사역 때문에 경쟁하였다. 대체로 감리교인들은 이러한 생각들에 반대하였다. 그리고 무식한 감리교 설교가 들은 다른 사람들이 성냥을 긋고 있는 동안 세계에, 적어도 미국이라는 세계에 불을 질렀다![9]

19세기 중반에 감리교회가 미국에서 가장 큰 개신교 교단이 되었지만, 감리교인들 사이에서 교회의 재산의 가치는 아직도 그리 중요하지 않았다. 모든 것은 변할 수 있었다. 윌리엄 워런 스위트는 19세기에 감리교인들의 재산과 사회적 지위가 증가하였음을 발견하였다. 19세기 후반 이 영향으로 가장 눈에 띄는 것들은 성직자의 봉급 인상과 교회 건물에 대한 헌금 증가, 늘어나는 파이프 오르간의 보급이었다.[10]

중심부에서 사역하기 – "모든 것 중 가장 중요한 것"

19세기는 분명하게 중심부에서 사역한 예들을 제시한다. 1866년 주간지 "하퍼스 위클리"(Harper's Weekly)는 감리교가 "국가 내에서 가장 우월한 교회적 실체"가 되었다고 주장하였다.[11] 중앙에서 일한다는 것은 굉장한 일이었고, 그렇게 변두리에서의 사역은 폐쇄되었다. 우리는 19세기 중반에 아브라함 링컨 대통령과 매튜 심슨(Matthew Simpson) 감리교회의 감독이 관여된 사건으로 돌아갈 필요가 있다.

1864년 총회에서 교회 지도자들은 링컨 대통령에게 메시지를 보내기로 결심하였다. 한 대표단이 메시지를 전달하기로 하였다. 대표단 중 한 명인 무디(Dr. Moody)는 대통령이 대표단을 만나기에 앞서 메시지의 복사본을 갖는 것이 좋을 것이라고 생각하였다. 그러면 대통령이 대표단이 도착하면 자기의 대답을 잘 준비하게 될 것이다.

무디는 대표단 보다 앞서 갔고, 그는 대표단이 도착하기 전날, 대통령을 보러 갔다. 그는 대통령의 개인 비서에게 즉시 대통령을 만나야만 한다고 말하였다. 그는 비서에게 다음 날 "이 나라에서 가장 크고, 가장 충성스럽고 영향력 있는 교회"를 대표하는 성직자 대표단이 대통령을 방문하여 어떤 메시지를 줄 것이라고 알렸다. 무디는 즉시 대통령을 만났다.

다음날 대표단이 도착하여 그들의 메시지를 전달하였을 때, 링컨 대통령은 그들에게 답장을 하였다. "모든 교회들이 다 중요하지만, … 감리교 감독교회(the Methodist Episcopal Church)가 많은 성도 수로 볼 때, 모든 교회들 중 가장 중요하다고 할 수 있습니다."[12]

링컨 대통령이 암살당하였을 때, 링컨 부인은 매튜 심슨 감리교 감독을 불렀다. 심슨 감독은 미국에서 감리교의 상승하는 사회적 지위와 영향력의 상징이 되었다. 그는 미국 문화의 중심부에서 감리교의 새로운 입장을 여러 면으로 대표하였다. 그는 다섯 대통령이 통치하는 동안 나라의 최고층의 사람들 사이에 있었다.[13]

심슨 감독은 백악관에서 링컨 대통령의 시신이 옮겨지기 전에 기도하였다. 그는 장례식을 위해 링컨의 시신과 함께 이동하였다. 일리노이스, 스프링필드에서 그는 주요 연설을 하였다. 심슨은 대중 설교가의 역할을 매우 훌륭히 해 내었다. 스프링필드에서 그는 살해된 대통령에게 말하였다: "각하, 안녕히 가십시오! 온 나라가 당신을 애도합니다. 어머니들은 그들의 이제 말 배우기를 시작하는 어린 자식들에게 당신의 이름을 가르칠 것입니다. 이 땅의 젊은이들은 당신의 덕을 따를 것입니다. 정치인들은 당신의 업적을 연구할 것이며, 지혜의 교훈을 얻을 것입니다. … 우리의 영웅이며, 순교자, 친구여. 안녕히 가십시오."[14]

다음 해 심슨 감독은 미국에서의 감리교의 증가를 촉구하였다. 뉴욕의 한 교회에서 그는 다음과 같이 연설하였다.

백 년 전, 그 도시의 하층민들 중에서 가난하고 이름 없는 여섯 사람들이 그들 자신들의 수고로 아주 큰 교회가 생겨날 것을 생각지도 못한 채, 함께 찬양하고 기도하였던 작은 모임을 생각해 보십시오. 그리고 그것과 현재 여건을 대조해 보십시오. 호화스러워진 넓은 공간의 교회들, 많은 수의 교인들, 풍부해진 재산, 영향력, 세련됨, 광범위해진 사업 등을 보십시오, 그러면 우리는 엄청난 일을 성취하였음을 보고, "세상에, 하나님께서 이루어 놓은 것들이라니!"이라고 외칠 수 있습니다.[15]

바로 이것이 몇 년 전까지 만해도 모든 교회들 중에서 "가장 하찮다"고 여겨졌던 그 교회(감리교회)다.

중앙에서 변두리로

20세기는 미국의 종교 풍경에 급진적으로 변화를 몰고 왔다. 사회학자 로버트 위스노우(Robert Wuthnow)는 그것을 "미국 종교의 재건"이라고 부른다. 역사가 마틴 마리(Martin Mary)는 교회들을 뒤흔드는 "지진의 이동"이라고 말한다. 신학자 하비 콕스(Harvy Cox)는 최근의 관점에서 "종교의 규칙 파괴"라고 말한다.16)

오늘날의 "주요" 교파들은 그러한 지시와는 다른 경로를 따라갔다. 어떤 것들은 처음부터 미국의 설립과 가까웠다. 연합 감리교회를 포함한 다른 교회들은 사회 변두리에서 시작하여, 후에 국가의 종교의 일부나 문화적 중심이 되었다. 아무리 이 교회들이 각각 도래하였다고 하더라도, 비공식적으로 "인정된" 교회의 역할을 하였다. 이것은 이제 더 이상 오래된 사례가 아니다.

오늘날 기성 교회들의 현장이 변모한 것은 분명하다. 제도의 중심지에서 변두리를 향한 이동이 생겼다. 많은 사람들은 이 이동이 잘못되었다고 예감한다. 그러나 그것이 분명히 다르지만, 그렇다고 꼭 부정적인 것만은 아니다.

이러한 새로운 사회적 위치는 교회들을 초기 교회들과 초기 감리교회의 상황들과 가깝게 한다. 제도의 중심에 있는 것은 초기 교회의 경험이라고 할 수 없기 때문이다. 워렌 카터(Warren Carter)는 마태복음 기자가 설명하였던 초기 기독교인들의 변두리성에 관하여 논의한다. 그는 기성 교회들이 점점 더 이러한 변두리성의 실체를 경험하고 있었다고 인정한다. 그는 이것에서 희망을 본다. 새로 발견된 변두리성은 "이 시대와 장소에서 예수의 제자가 된다는 것의 의미가 무엇인지에 대한 가능성들"을 제

공해 줄지도 모른다.[17]

중심에서 변두리로 가는 운동은 완성된 실제라기보다는 하나의 방향이다. 그것은 일어나고 있는 운동에 대한 설명이다. 윌리엄 R. 후치슨(William R. Hutchison)은 이 시대를 "시간들의 사이에" 있는 운동이라고 말한다. "시간들 사이"이라는 말은 기성 교회들에 의해 "한 사회의 현실에서 다른 사회의 현실로 가는 점진적이고 고통스러운 적응"을 뜻한다.[18]

발터 브뤼거만(Walter Brueggemann)은 "추방(Exil)"이라는 단어를 현재 상황에 대한 은유적 표현으로 사용한다. 추방은 지리적인 것이 아니라 사회적이며 도덕적이며 문화적인 것이다. 기성교단의 기독교인들은 점차적으로 건설과 총체적 파괴 "사이에"라는 위치에서 "집 없음(homelessness)"의 심정을 경험한다. 움츠리고 분파적인 경향들을 조심스럽게 피하면서 브뤼거만은 이 시대에 "세례 받은 추방자들"은 중심과 변두리와 "끝없는 협상"의 삶을 살게 될 것이라고 주장한다. 그는 "두 나라 말을 하는" 성서 인물들을 우리에게 상기시킨다. 그들은 제국 언어를 알았고 그들 신앙의 "모국어" 리듬을 잊지 않으면서, 제국의 언어를 사용하였다.[19]

기성 교회들이 비공식적으로 제도화한 교회로서 섬겼던 문화의 중심은 이제 더 이상 존재하지 않는다. 돌아오지도 않을 것이다. "주요 기성 개신교단은 문화의 중심에서 제도화된 교회가 되려는 노력을 멈춰야 한다."고 키르크 헤더웨이(Kirk Hadaway)와 데이비드 루젠(David Roozen)은 주장한다. "미국인 사회는 실용적인 현실과 세속화한 도덕성으로 느슨하게 묶여 경쟁하는 서로 다른 하부 문화와 개인들의 다원적인 복합체다."[20] 그러나 특정 지역에 있는 몇몇 교회들이 주요한 전통들의 영향력과 힘을 무시하는 것 또한 현재의 상황을 오해하는 것이다.

변두리와 중심을 함께

리처드 본디(Richard Bondi)는 중심에서 사역하는 것과 변두리에서 사역하는 것을 대조한다. 그는 변두리에서 사역하는 것을 지지하지만 중심에서 사역하는 것에도 조심스러운 배려를 한다. 이와 비슷하게, 로지타드엔 매튜스(Rosita deAnn Mathews)는 아프리카 미국 여성들과 그들의 리더십을 위한 "주변부의 힘"에 관하여 언급한다. 동시에 그녀는 이 지도자들은 "변화를 이루기 위하여 중심의 힘을 이용해야" 한다는 점을 조심스럽게 지적한다.[21] 이러한 이미지들은 기성 교회들이 중심과 변두리의 모든 요소들을 동시에 경험하는 때에 도움을 줄 것이다.

본디가 주장하기를: 변두리와 중심은 "어렵게 결속하여 한 쌍이 되었다. 변두리에는 활기와 생명력이 있지만 중심에는 권력과 안정성이 있다. 오직 변두리에서만 살고 있는 지도자들은 그들의 전체적인 공동체들에서 분리될 수 있고 그들을 지도할 수 없게 될 수도 있다." 중앙을 통치하려는 지도자들은 변두리가 위험한 상황에 있을 때 자신의 관심을 지키려고만 할 수 있다. 본디에게 있어서 더 위험스런 유혹은 항상 중앙에서 살려고 하는 것이다: "활기 없는 안정성은 침체와 결국에는 붕괴로 인도된다."[22]

그러므로 효과적인 리더십은 중앙이나 변두리 중 어느 하나를 선택하는 것과 같이 그렇게 간단하지 않다. 본디는 피할 수 없는 긴장을 발견하였다. "진실은…." "만일 우리가 우리 자신을 중앙에서 정직하게 이야기할 수 없다면, 우리는 변두리에서도 결코 진리를 말할 수 없을 것이다."고 하였다.[23]

카터는 신약성서에서 나타난 이러한 긴장에 대하여 언급하였다. 한 부분이면서도 결국은 상관이 없는 것이 신약성서의 관점이라는 것을 그는 중대하게 여긴다. 신약성서의 입장은 교회가 거리를 두려고 하는 탈취하는 선교, 즉 분파를 지지하는 입장은 아니다. 그러한 입장은 분파를 부추기게 된다.

오히려 중앙과 변두리 양쪽에서 사는 구상은 신약성서의 사람들의 현실과 밀접한 관계가 있다. 그들은 도시에서 살았다. 그들의 글들은 전통적인 이미지들을 사용하였다. 그들은 그들 대부분 살았던 건물들이 너무 작았기 때문에 때때로 부유한 후원자 또는 교인들의 집에서 만났다. 그러나 그들은 서로 달랐고, 변두리에서 살았다.[24]

미국의 기성 교단들이 오늘날 어떠하든지, 그들은 분파주의자들이 아니다. 그들이 더 이상 분파주의자들이 아닌 것처럼 기성교인도 아니다. 그러므로 중앙과 변두리에서 사역하는 리더십의 입장에는 의미가 있다.

중앙과 변두리에서 사역하기

리더십 강의를 듣는 에두아르도 부손(Eduardo Busson)이라는 학생은 변두리와 중심이 서로 격리되어 보이면 그것이 얼마나 믿을 수 없는 개념이 될 수 있는지를 보여 주는 도식을 개발하였다. 변두리인 것이 동시에 중앙이 될 수도 있다.

예를 들면, 미국에서 인권운동이 한창일 때, 마틴 루터 킹 주니어 목사는 변두리에서 많은 예언자의 목소리를 대표하였다. 그는 가난하고 가진 것 없는 사람들과 함께 변두리에서 미국인들에게 국가의 이상을 따라 살라고 외쳤다. 동시에 킹은 그 운동의 변두리에서 추진하는 다른 사람들과 함께 시민권운동 내에서 보다 더 제도화된 중도적 접근을 대표하였다. 어거스트 마이어(August Meier)는 킹이 운동의 내분이 한창일 때 결정적인 리더십의 역할을 감당하였음을 인정하고, 웨슬리에 대한 이상한 묘사를 연상하며, 시민권 투쟁을 하는 동안의 킹을 "보수적인 투쟁자"라고 불렀다.25)

모든 변두리는 다른 상황에서 중앙이 될 수 있고, 또 모든 중앙은 변두리가 될 수 있다. 오늘날 많은 교회 지도자들도 마찬가지다. 그들은 거의 동시에 변두리와 중앙에서 사역해야 한다. 교회의 딜레마는 항상 변두리와 중앙에서 동시에 사역을 해 왔던 것이다. 웨슬리의 예는 그 둘을 함께 결합시키고 또 긴장 가운데 두려는 시도 중의 하나였다. 그것은 계속해서 도전이 되고 있다.

투쟁, 긴장 그리고 모호성은 웨슬리의 중앙과 변두리에 대한 관계성을 특징짓는다. 도널드 데이턴(Donald Dayton)은 웨슬리의 유산을 "대항하는 힘의 심오한 모호성"이라고 규정짓는다. 그는 한편으로는 웨슬리가 야외설교에서 가난한 사람들에게 집중하였고, 제도화된 교회에서는 가난한 사람들과 노동자 계층들 그리고 중·하류층 사람들 사이에 관점을 맞추었다는 것을 지적한다. 다른 한편, 사회적 지위를 얻은 감리교는 문화 중심으로 가까이 이동하는 만큼 가난한 사람들을 끌어들이는 영향을 잃어버렸다. 이러한 서로 다른 경향은 초기부터 있었다. 그것은 확실히 많은 이어지는 세대들의 특징이 되어 왔다. 어떤 때에는, 데이턴이 지적하듯이, 어떤 강조점이 시대를 이끌어 갈 것이다. 그러나 다른 때에는 다른 강조점이 지배적일 것이다. 웨슬리 운동의 역사는, 데이턴이 말하길, "우리의 운동은 바로 그 혼 (soul) 안에서 생겨난 이러한 갈등의 용어들 안에서 해석해야만 한다."고 하였다.26)

오늘날 교회 지도자들은 리더십을 위한 유일한 장소로 중앙 또는 변두리를 선택할 수 있는 사치를 누리지 못한다. 하나님께서 우리를 부르신 상황이 그렇게 편안하지 않다. 충실한 지도자들이 그들의 삶의 자세가 주는 능력의 좋은 안내자들로서 중앙에서 사역할 때가 있다. 다른 경우에 같은 지도자들이 변두리의 연약함과 취약성에서 발견한 하나님의 소명과 동일시하면서 변두리에서 사역할 수도 있다.

한 가지 유혹은 잘못된 이유로 변두리 또는 중앙에서 사역하는 것이다. 사람은 결점이나 태만 때문에 변두리에 있을 수 있다. 그레고리 존스(Gregory Jones)가 신학의 장소에 관하여 말한 것은 교회 리더십에도 맞는 말이다. "변두리가 … 좋지 못한, 또는 비기독교적인 장소가 될 필요는 없다; 그러나 신학은 부분적으로 잘못된 이유 때문에 변두리가 될 수도 있는데, 왜냐하면 우리가 우리의 소명과 책임들을 완수하는 데 실패하고 있기 때문이다."27) 이와 같이 우리는 문화적 적응과는 무관하게 중앙에 서게 될 수도 있다. 교회 역사상 이렇게 순환하는 패턴의 뚜렷한 예는 크리스틴 라이 헤어만(Christine Leigh Heyrman)의 '18세기와 19세기의 남부 복음주의에 대한 연구'에서 나타난다. 그녀는 "문화를 정복하고 – 그것에 의하여 차례대로 정복하고 있는" 소수의 종교 운동을 설명하고 있다.28)

중앙과 변두리는 각각의 한계와 유혹을 결코 잊지 않는 한 하나님을 섬길 기회를 제공한다. 지도자들이 하나님과 권력 그리고 그리스도의 정의에 근거를 둘 때, 그들의 리더십은 이러한 "시대의 사이", 즉 역사의 순간 속에서 변화될 수 있고 또 변화될 것이다.

제 7 장

긴장 속에서 살다

웨슬리안 영성에서 지도자들은 긴장 가운데 표면적으로 경쟁하는 주체들과 공존할 수 없는 의무들을 결합하려고 노력한다. 이것들은 개인적 성화와 사회적 성화, 교리적 책임성과 자유, 율법과 복음, 예배와 섬김, 경건과 실천을 포함한다.

이러한 접근은 웨슬리를 동일한 논쟁의 다른 면들을 다른 경우로 논쟁하게 인도하였다. 이런 외관상 모순은 웨슬리에게 커다란 긴장을 일으켰다. 그의 강조는 당시 논쟁에서 놓친 것에 속하여 있었다. 그는 그 상황 가운데 관심을 기울일 필요가 있는 방법을 고려하였다. 그래서 사람들은 웨슬리가 말하는 것의 한 부분만을 들었을 때 – 큰 맥락을 이해하지 않았을 때 – 종종 오해하였다. 그가 진리와 가치라고 여겼던 것들에는 여러 가지 입장들이 존재하였다. 거기에는 또한 그가 질문해 왔던 수많은 것들이 존재하였다. 그는 기꺼이 그러한 긴장 가운데 사는 한 지도자가 되기를 원하였다.

웨슬리안 리더십 안에 있는 피할 수 없는 긴장

웨슬리의 접근이 어떻게 혼란과 오해로 인도되는가는 쉽게 볼 수 있다. 많은 사람들은 어떻게 그가 같은 논점에 대해 다른 면들에서 논쟁할 수 있었는지를 이해하기 어려워하였다. "하나의 주어진 논쟁에서" 하이젠라터가 관찰하길 "웨슬리는 가끔 다른 사람이 분명하게 희생하게 될 때, 그때 하나의 서로 연결된 논쟁에서 한 측을 변호하거나 강조하는 자신을 발견하였다." 긴장들은 때때로 이렇게 생겨난 결과다.[1]

이러한 긴장은 지도자에게 언제나 편안하지 않다. 이것이 의미하는 바는, 이러한 지도자는 어떤 때는 전통의 목소리가 되고, 다른 때에는 "아직 아니다"의 목소리가 된다. 어떤 상황에서 지도자는 가장 보수적인 세력이며, 다른 상황에서는 가장 진보적인 세력이다. 어떤 때 이러한 지도자는 한 직위의 옹호자이며, 다른 때에는 비평가다. 19세기 매우 영향력 있는 감리교 지도자 매튜 심슨 감독은 몇 가지 점에서 볼 때 그러한 지도자였다. 한 저자는 "그는 신중하고 분별력 있는 사변가와 지도자가 치러야만 하는 양측면의 오해와 혹평의 형벌을 무색하게 만들었다."라고 말하였다.[2]

랄프 엘리슨(Ralph Ellison)은 자신의 고전 소설 「보이지 않는 사람」(Invisible Man)의 결말 부분에서 이 딜레마를 매우 강력하게 다루었다. 아프리카 미국인들의 인간성에 대한 부정을 담은 이 이야기는 내레이터의 다음과 같은 말로 끝맺는다: "그러므로 이것이 이제 내가 고발하고 변호하는 것이다. … 나는 비난하고 지지한다. 아니라고 말하고 그렇다고 말한다. 그렇다고 말하고 아니라고 말한다."[3]

만약 균형의 어느 한 쪽을 잃거나, 어느 한 쪽을 지나치게 강조하면,

전체성과 풍요로움 그리고 웨슬리안 통합의 기본의 순수성은 사라진다. 오늘날에는 자신들의 가치와 리더십의 상황을 동일한 진지함으로 받아들이는 지도자들과 같은 그렇게 지나친 이데올로기적인 지도자들은 필요 없을 것이다.

경쟁적인 가치들 중에서 지도자들은 기능을 발휘한다. 경쟁은 다른 사람들의 가치에 상반되는 지도자의 가치처럼 그렇게 단순하지 않다. 사실 지도자들은 그들 스스로가 사건 속에서 구체화되거나 또는 긴장을 창조하는 수많은 가치 있는 헌신들을 해야만 한다. 날마다 그리고 상황마다 주의 깊게 그리고 기도하는 통찰력이 중요하다.

"이러한 상황에서 나는 어떤 길로 가야 하는가?"라는 질문은 지도자의 완전무결함을 포기하는 것이 아니다. 완전무결함이란 모든 상황에서 항상 같은 행동과 같은 말을 한다는 것을 의미하지는 않는다. 전체적인 가치와 목표에는 일관성이 있어야 한다: 사실 지도자들에게 중요한 시험은 그들이 옷을 입은 것처럼 자연스럽게 표출할 수 있는 비전을 갖고 있느냐 하는 것이다. 그러나 다른 경우에는 다른 반응이 필요하다. 어떤 상황에서나 시험에 형식적인 일관성이 있는 것은 아니다. 그것은 이러한 특별한 순간에 긴급하게 필요한 것들이다.

주어진 환경에서 지도자로서 지금 치우치고 있는 길에 관심을 기울이는 것은 "대중의 인기에 영합하는 것"이 아니다. 우리가 묻는 질문은 "사람들이 무엇을 원하는가?"가 아니다. "사람들이 무엇을 기대하는가?"도 아니다. 그보다도 질문은 "가장 필요한 것이 무엇인가?"다.

신학적인 교육가 켈빈 라그리(Kelvin LaGree)는 예술의 한 형태로서 교회에서의 리더십을 말한다. 그는 "예술가가 되려면 넓고 그리고 깊게 아는 것이 중요하다."고 말한다. 또 "어떻게 우리가 아는 것이 우리가 있는 곳에서 변화되는지를 아는 것도 중요하다." 그것은 지도자들에게 가장 중요한 교훈 중 하나다. 지식이 있는 것도 중요하지만, 지혜가 변하는 상황에 어떻게 역동적인 상호 작용을 하는가에 주의하는 것도 필요하다. 웨슬리는 이 과제를 훌륭히 해 냈다.

예를 들면 웨슬리는 누군가가 참된 교리가 무엇인가를 알기 위해 열심을 다하는 것처럼 열심을 다하였다. 그러나 웨슬리는 설교할 때에는, 그가 그렇게도 조심스럽게 애써서 해석한 참된 교리로부터 시작하지 않았다. 그는 말하고자 하는 것을 특정한 부류의 교인들과 함께 시작하였다. 그는 그들의 상황에서 그들에게 가장 필요한 말들을 풍부한 교리적 작업을 통해 얻어냈다. 이것은 웨슬리가 같은 날, 많이 다른 메시지를 설교하는 자신을 발견하였다는 것을 의미한다. 이러한 변화는 그의 입장이 변하였기 때문이 아니라 사람들의 필요가 달랐기 때문이다. 그가 이해한 진리와 정의, 옳음이 무엇인가는 그날 하루 내내 변하지 않았다. 그러나 사람들의 필요가 서로 다른 리더십을 요청하였다. 상황이 달라졌기 때문에 특별한 길로 "치우칠" 필요가 있었다.

긴장을 유지하는 것은 우리에게 익숙하지 않은 방식들에 대해 변호하거나 의문을 가져야 한다는 것을 의미할지도 모른다, 그러나 그것은 진리 통전성을 보전하기 위해 상황이 요구하는 방식들이다. 긴장을 포기하게 될 때, 우리는 더 이상 더 큰 진리를 추구하는 지도자들이 아니다. 우리는 단지 진리의 한 부분만을 변호하는 단순한 참여자에 불과하다. 이것은 교회와 우리 사회가 그 동안 옛 것을 좌편에, 새 것을 우편에 두어 잘 섬겨 오지 못한 이유 중 하나다. 각각은 아무런 긴장 없이 부분적인 진리를 취하고, 그것을 전체적인 진리처럼 드러낸다.

로버트 벨라(Robert Bellah)는 리더십에서 나타나는 그러한 긴장을 설명하기 위해 아브라함 링컨과 노예제도를 사용한다. 몇몇 급진적인 노예제도 폐지론자들은 노예제도를 제거하기 위해 연합을 포기하였다. 그들은 가끔 노예들이 없는 주를 노예가 있는 주(州)로부터 분리할 것을 주장하였다. 이것은 북부 사람들의 양심을 달래는 역할을 했을 것이다. 이 때문에 노예들은 전보다 더욱 단단히 사슬에 매이게 되었을 것이다. 이 선택은 많은 사람들에게 호소력 있었다. 그러나 링컨은 그것이 좋은 것만이 아니라는 것을 알았다. 그의 목표는 노예제도를 폐지하는 것과 동시에 연합을 꾀하는 것이었다. 벨라에 따르면, 그것은 두 가지 가치를 성취하기 위해 모든 비판을 견디었던 링컨의 "온건한, 그러나 타협하지 않는 입장"이었다.[4]

"제3의 대안"을 위한 웨슬리안의 연구

웨슬리에게 긴장은 결코 끝이 없었다. 이것은 큰 부분에서 웨슬리에게 "제3의 대안"을 선호하는 결과를 초래하게 하였다. 이것은 내가 앨버트 아우틀러에게서 처음 배운 개념이다. 그는 웨슬리가 "결국 자신에게 특별한 방법이 되는 제3의 대안을 신학 연구"에 사용하였다고 보았다. 아우틀러는 이 방법을 이해하는 것이 "신학자로서의 웨슬리를 정말 효과적으로 해석하는 데 중요하다."고 말한다.[5] 웨슬리의 신학은 "수세기의 논쟁으로 전래된 모든 쓸모없는 극단들"에 제3의 대안을 제시한다.[6]

웨슬리는 제3의 대안으로 자신과 경쟁되는 요청을 거부하는 것을 유일한 선택으로 여기는 것을 거부하였다. 둘 중 아무것도 선택하지 않는 것은 해결을 위한 단순한 절충안일 뿐이다. 절충안은 때로는 미약하고 결국은 모두에게 받아들일 만하지 않다. 절충안이란 것은 대부분 실제적인 논쟁을 뒤로 미뤄 놓는다. 오히려 과업은 새로운 선택권을 만들어 낸다. 제3의 대안은 흔들리지 않는 중요한 힘의 보존을 추구한다. 동시에 이것은 경쟁하는 입장들의 약점을 지양하기 위해 노력한다.

하이젠라터는 웨슬리가 "삶으로 구체화시킨 이상들과 질적인 것들은 항상 쉽게 함께 드러나거나 화합하지 않는다."는 것을 우리에게 상기시킨다.[7] 이런 것들 중의 한 예는 지식과 생명력 있는 경건, 부흥과 사회복지, 복음주의와 성만찬주의, 의인과 성화, 믿음과 행위를 포함한다. 아마도 이것이 학자들이 종종 웨슬리의 상을 왜 그렇게 독특하게 그리는가에 대한 이유일 것이다. "급진적인 보수주의", "낭만적 현실주의자", "조용한 혁명가" 그리고 "이성적인 열광주의자" 등이 그 몇 가지 예다.[8]

메리 엘리자베스 무어(Mary Elizabeth Moore)는 웨슬리의 "대조 신학"을 중요한 공헌으로 평가한다. 논쟁의 어느 한 쪽만을 지향하는 것에 대한 웨슬리의 거부와, 과격하게 상이한 입장들과도 함께 껴안으려는 그의 자발심은 그 시대와 마찬가지로 반목으로 가득한 세상에 사는 오늘날 사람들에게 "대단하게 기대가 되는" 것이다.[9]

웨슬리에게서 찾게 되는 한 가지는 "칼뱅주의, 아르미니안주의, 몬타누스파, 퀘이커주의, 정적주의 등 내동댕이쳐진 모든 것들이 뒤범벅된 것보다 좋을 것 없는 그의 비평들 중 어떤 것으로 보이는 것의 진정한 통합"이다.[10] 그러나 "변증적인 통합체를 만들어 내는 웨슬리의 능력은 분명히 천재였다." 그는 항상 "은혜에 대한 한 단면만 담긴 메시지"[11]를 반대하였다.

메리 엘리자베스 무어는 유사한 용어로 연합 감리교회 신학자인 조지아 하크니스(Georgia Harkness)와 그녀의 신학적 유산에 관하여 글을 썼다. "연구를 위한 것으로, 통합적인 사상가 하크니스는 다양한 관점에 대한 이해와 존중을 추구하였던 웨슬리안 전통을 수행하였다. 그녀는 가능하면 이러한 관점들을 함께 묶어, 다른 사람들의 영향을 받아 한 가지 관점의 개혁을 추구하거나 또는 다양한 관점들이 통합될 수 있는 중간 지대를 발견하려고 하였다.”[12]

이것이 아마도 하크니스가 자신을 신학적으로 “복음주의적 진보주의자”라고 말한 이유일 것이다. 그녀에 대한 이러한 용어는 그녀가 교리적 태도만큼이나 신학적 반응에도 많은 연구를 하였음을 나타낸다. 그녀는 “결단력 있는 관용, 기독교적 확신을 가진 열린 마음”을 결합하는 것이 가능하다고 믿었다. 그녀에게 있어서 “그러한 태도는 그녀를 지식과 힘, 두 가지 모두에게로 인도하였다.”[13]

메리 파커 폴레트는 비록 신학자도 웨슬리안도 아니지만, 1924년에 이와 비슷한 맥락에서 글을 썼다. 그녀는 통합이라는 개념을 사용하였다. “진리는 양 측면 사이에 놓여 있지 않다.”고 그녀는 말하였다. “우리는 허위로 화해하는 것으로부터 경계해야 한다. 둘 중 누구도 흡수되는 것이 아니라, 둘 다 해결에 기여할 수 있는 한 가지 방법을 발견할 때까지 각자는 지속되어야 한다. 통합을 질적인 조정이라 여길 수 있다. 중재는 양적인 조정으로 생각할 수 있다.”[14]

웨슬리가 그랬듯이 폴레트는, 우리는 제3의 대안인 진실한 통합을 위하여 잘못된 타협을 하려는 유혹에 저항해야 한다고 이해하였다. 타협의 가장 큰 결함은 자신의 사고에 진정한 변화가 없게 된다는 것이다. 다른 한편으로, 통합은 밀(Mill)이 “결정된 의견의 깊은 선잠”이라고 부른 것에 대하여 경계한다.[15]

세인트 폴 신학교의 동료 교수 수잔 존넨데이 보겔(Susan Sonnenday Vogel)은 “대답이 하나인 것처럼 위험한 것은 없다. 만약 그 대답이 당신이 생각하는 유일한 것이라면!”이라고 학생들을 일깨었다. 통합의 가장 유리한 점 중 하나는 그 자리에서 일어나는 개인의 변화다. 우리는 다른 사람들의 생각과 가치를 이해하고 인정하게 된다. 폴레트는 협력은 “우리의 본성을 소진시킨다.”고 말한다. 우리는 우리 자신의 가치에 너무 열중

한 나머지 우리 중에 다른 가치들이 소진된다.[16]

동일한 정신에서 레티 러셀은 "하나님의 새로운 수학"에 대하여 말한다. 파트너십이라는 이러한 새로운 수학은 "제3의 것을 찾는 것"을 내포한다. "내 것"과 대조적으로, 제3의 것의 사상은 그 위에 세워질 공유성을 찾는다. 러셀은 "협력 작용 선물(gift of synergy)"을 포함한 이러한 새로운 신성한 수학을 지지한다. 이러한 수학에는 기본적으로 첨가라는 것이 일어나는 일이 없다. 오히려 부분들의 "종합"보다 훨씬 더 큰 전체를 야기하는 증폭 효과가 있다.[17]

수많은 예들이 웨슬리 자신과 그리고 초기 감리교에서 나타났다. 웨슬리 시대에 어떤 사람들은 일종의 교리적 독단주의를 지지하였다. 또 어떤 사람들은 교리적 무관심 주의를 반영하였다. 독단주의의 강력한 힘은 책임감이다. 무관심주의의 큰 힘은 자유다. 웨슬리는 타협을 모색하는 대신 책임감과 자유, 이 두 가지 모두의 힘을 보존하기 위해 노력하였다.

그는 선택을 함께 결합할 때나 긴장 가운데 있을 때 그렇게 행하였다. 그는 극단적인 약점을 피하면서, 사람은 믿는 것은 자유로울 수는 있으나, 믿음으로부터 자유로울 수는 없다는 제3의 대안을 주장하였다. 이러한 견지에서, 사람은 자신이 무엇을 믿는가를 알아야 하고, 그러한 신앙을 표현해야 하며, 그리고 그것들에 대한 근거를 주어야만 한다. 또한 사람들은 일주일에 한 번은 다른 사람들과 함께 친교하고, 다른 사람의 이야기를 들으려고 하여야 한다. 기독교인의 양심의 자유는 유지된다. 그러나 사람들은 교리의 여정에서 자유롭지 못하다. 사람들은 교리상의 무책임에 대해서도 자유롭지 못하다.

또 다른 예를 들어보자. 웨슬리는 칼뱅주의로서 어떠한 신학의 선택을 보았다. 칼뱅주의자들은 하나님과 하나님의 행위들에 강조점을 두었다. 하나님 주권에 대한 강력한 교리를 회복하는 것이 그들에게 굉장히 큰 문제였다. 웨슬리는 다른 선택으로 가톨릭의 신학적 입장을 보았다. 웨슬리 시대에 가톨릭적 접근은 인간의 책임과 행동을 강조하였다. 구원의 행위에 대한 사람들의 역할은 깊은 주목을 받았다.

웨슬리가 한 일은 두 가지 입장에서 끌어낸 것이었다. 하나님은 신앙의 여정을 주도하신다. 하나님은 우리가 하나님의 사랑을 알기 전에 선행적 은총을 통하여 다가오신다. 그러나 인간존재들에게도 역할이 있다. 그역할은 구원을 획득하거나, 창조해 내거나 또는 그럴 만한 자격이 있다는 것이 아니다. 그것은 구원이라는 선물을 받아들이는 것이다. 그러나 우리가 반드시 받아야 하는 선물을 받아들인다. 그래서 웨슬리는 복음주의와 가톨릭의 힘을 결합한 것이다. 하나님의 주권적인 은총과 구원에 대한 인간의 매개 행위가 이 제3의 대안에서 결합한다.

웨슬리는 생각, 개념, 가치를 가능한 모든 사람들에게서 취하였다. 그는 하나의 독특한 방식으로 그것들을 함께 통합하였다. 그가 한 일은 새로운 진리를 발견한 것이 아니었다. 더욱 개방되고 통합적인 관점을 가지고 존재하는 진리를 찾았다. 아우틀러는 웨슬리를 "다양한 전통의 명석한 두뇌를 가진 신디사이저"라고 묘사하였다. 순수한 전기적인 종류로 설명하자면, 그는 실제로 둘 사이에서 택해야 하였던 선택들을 실제로 이해한 사람이다. [18]

제3의 대안을 추구하는 웨슬리안 영성을 따르고 타협을 반대하였던 지도자들처럼, 우리도 사람들이 서로 대항하여 대결하지 않는 방법들을 찾아야만 한다. 우리의 소명은 아무것도 없는 칠판을 향하는 것처럼 대신 다같이 마음을 돌리게 할 다른 생각들을 가진 사람들에게서 방법을 찾는 것이다. 그런 자세에서 제3의 대안이 나오게 되는 것 같다. 아마 이러한 태도에서 일행들은 그들의 약점을 피하면서 대안의 힘에서 결론을 이끌어 낸다.

"또는(or)"의 횡포

거의 모든 현실의 복합체성은 본질적으로 웨슬리의 제3의 대안 같은
무언가를 찾게 한다. 우리는 모두 경쟁적인 요구들과 가치들에 직면한다.
그것들은 똑같이 중요하지 않을 수도 있지만 몇몇은 결정적으로 중요하
다. 몇 가지 가치들과 요구들은 서로 직접적인 경쟁상대자들로 나타나게
한다. 우리는 공동체 안에서 그것들을 재배치하거나, 공동체에 머물러 더
많은 지원을 받고 있는가? 우리는 음악이나 젊은이를 위한 새로운 스태
프들을 위해 제한되었던 자원들을 사용하는가? 우리는 음악 감독이 원하
는 음악 또는 회중이 바라는 음악을 이해하는가? 교인이 적은 교회들이
많기 때문에 그들이 우선권을 가져야 하는가? 아니면 교인수가 많은 교
회에 사람들이 관심이 많기 때문에 그런 교회에 우선권을 주어야 하는
가?

지도자가 받는 유혹은 다양한 경쟁적인 선택들 가운데 어느 하나를 선
택하는 것이다. 어떤 사람은 개인적 가치에 그렇게 근거를 둔다. 또 다른
사람들은 다른 사람에게 받는 정치적 압력에 좌우될 수도 있다. 이 둘 중
어떤 경우든 결과는 관련된 모든 사람들에게 좋지 않다. 논쟁들이 선택을
요구하는 경쟁적인 선택들의 틀을 가지게 될 경우 대부분의 사람들은 여
러 면을 선택할 것이다. 지도자들이 어느 한 쪽 또는 다른 어느 한 쪽에
가담하면, 교인들을 위한 성실하고 효과적인목회에 대한 희망이 없게 된
다. 지도자들은 가능한 어느 곳에서든지 참된 제3의 대안들을 이끄는 데
도움을 줄 수 있는 질문을 하도록 노력해야 한다.

제임스 콜린스(James Collins)와 제리 포라스(Jerry Porras)는 '또는
(or)'의 횡포로 지도자들에게 야기된 압제와 지도자들이 '그리고(and)'의

정신에서 경험한 해방에 관하여 말한다. 이러한 특징은 "동시에 많은 차원의 양극단을 포용하는 능력"이다.[19] 이것은 웨슬리의 제3의 대안적 접근과 매우 유사한 것 같다.

그들은 여기서 웨슬리처럼 균형이나 혼합에 관하여 말하지 않는다. 그들은 경쟁하는 가치들을 보존하기 위해 노력한다.

중간을 피하면서 중앙에서 사역하기

우리는 중간이 안전하고 편안하며, 사람들이 선호하는 장소라고 생각한다. 가끔은 그렇기도 하다. 그렇지만 모든 것이 너무 확실하고 우리가 우리에게 동의하는 사람들 하고만 이야기할 때에는, 변두리가 안전하고, 편안하고, 사람들이 선호하는 곳일 수 있다.

대안적인 이미지는 중간을 피하면서 중앙에서 사역하는 것이 될 수도 있다. 그러한 태도는 타협의 중간, 공통분모의 중간 그리고 어려운 논쟁들의 회피의 중간을 벗어난다.

중앙은 중간이 아니다. 힘이 있는 곳이 중앙이다. 초점이 있기 때문에 힘이 있다. 교회 지도자들에게 중앙은 예수 그리스도다. 이 중앙의 명확성으로부터 우리는 참된 포괄성과 다양성을 향해 해방된다. 초점이 있는 중앙은 많은 다른 근원에서 하나님의 지혜를 끌어내는 것을 가능하게 한다. 중앙에 있고 위협받거나 논쟁에 빠져 있지 않기에 우리는 두려움 없이 많은 근원에서 끌어낼 수 있다. 우리가 협력하는 힘을 찾는 것은 바로 이런 종류의 중앙 안에서다. 많은 다른 장소에서 이끌어 낸 선물들이 있지만 중앙은 항상 예수 그리스도다.

우리가 서 있는 곳에 대하여 분명해지면 해질수록 우리가 더 자유로워진다는 것을 발견하는 것은 정말 큰 도움이 된다. 만약 하나님께서 다른 사람들의 삶 속에서 그들을 이 순간 그렇게 서 있게 인도하셨다면, 우리는 이제 다른 사람들이 다른 위치에 서 있도록 허용할 수 있다. 우리는 함께 서서 서로 간에 배울 수도 있다.

그러므로 중간이 탈출구가 될 수 있듯이 변두리도 그렇게 탈출구가 될 수도 있다. 유명한 성공회 설교자인 바바라 브라운 테일러(Babara Brown Taylor)는 한 지역에 있는 '쿠 클룩스 클랜'(Ku Klux Klan, 남북 전쟁 후 생겨난 극우 인종차별주의 비밀 결사 폭력 집단, KKK라고도 부름. −역자 주)의 회원에 대하여 말하였다. 그의 차 앞자리에는 가죽 덮개로 된 성경과 함께 지난주일 교회 주보가 나란히 있었다. 그녀는 계속해서 그 사람은 자신의 편협한 목적들을 위해 하나님의 말씀을 붙들려고 노력하는 유일한 사람이 아니라고 말하였다. 그녀는, 올가미 줄이 모든 장소의 위로 날아다니는데, 우리 각자는 자기 자신의 목적만을 위해 약간의 마력을 이용하려고 애쓴다고 말한다. 어떤 사람들은 하나님 말씀이 문자적 언어, 자유로운 언어, 혹은 남성의 언어 혹은 여성의 언어라고 주장한다. 어떤 사람들은 하나님 말씀이 오직 가난한 사람들만을 위한, 또는 부자들만을 위한, 혹은 우리의 언어를 말하는 사람들만을 위한 언어라고 주장한다.[20]

지도자가 해야 할 한 가지 임무는 테일러처럼 하는 것이다: 하나님의 지혜는 내 지혜와 동일하다고 하는 거짓말을 밝히는 것이다. 하나님의 진리가 내가 속한 그룹의 지혜와 나의 특별한 신학과 나의 특별한 정치학 또는 나의 특별한 삶의 자리와 동일시되는 곳에 위험이 도사리고 있다.

적절하고 심오하게 차이들을 드러낸다는 것은 무엇일까? 차이들은 여전히 남아 있다. 그러나 어떤 것은 변화되었다. 논쟁은 이제 더 이상 공통분모를 얻기 위해 모든 입장을 녹여 버리는 것이 아니다. 오히려 다른 입장들 곁에 하나의 입장을 든든하게 세울 자유가 존재한다.

바울이 갈라디아서에서 유대인도 헬라인도 없고, 노예나 자유인도 없으며, 남자나 여자도 없다고 말할 때, 이러한 차이들이 더 이상 존재하지 않는다는 천명이 아니다. 차이점들은 여전히 현실이다. 이야기해야 할 약간의 논쟁점들은 여전히 존재한다. 중요한 것은 우리가 지금 그리스도 예수 안에서 하나라는 것이다. 이제 더 이상 차이들이 우리 자신을 정의하는 주요한 것이 아니다. 오히려 우리가 공통으로 가지고 있는 것-중심에 있는 그리스도-으로 정의한다. 우리가 우리의 차이로 엄격하게 우리 자신을 정의하지 않는 한, 우리는 존재하는 차이들을 인식하고 그것들과 타협을 하는데 더 나은 위치에 있게 될 것이다. 여기에 차이들을 무시하는 대신에 차이들에 관하여 언급할 더 큰 기회와 의향이 있다.

초점이 없는 중심에는 공백이 있다. 마가렛 휫틀리(Margaret Wheatley)와 다른 사람들이 우리에게 그것을 볼 수 있도록 도왔기 때문에, 공간은 채워지게 될 것이다. 만일 이것이 우리를 하나로 묶을 수 있는 초점으로 채워지지 않으면, 공간은 우리의 차이들로 채워질 것이며, 그것은 점점 더 커질 것이다. 그래서 우리가 가질 수 있는 그 단 하나뿐인 정의, 대화를 위한 그 단 하나뿐인 기초는 결국 차이가 될 것이다.

중심적 연합이 있을 때, 차이들이 남아 있긴 해도 전망이 있다. 차이들은 존재에 대한 우리의 근거를 정의하지 않는다. 우리의 차이들은 부담이 되는 것이 아니라 하나님의 지혜의 일부가 모두에게 나타났기 때문에 얻어지는 풍요라고 정의한다. 하나님의 지혜는 결코 하나님의 사람들 가운데 있는 어느 한 장소에서 통째로 발견되지 않는다.

웨슬리안 영성을 가진 지도자들은 긴장을 두려워하지도, 미화하지도 않는다. 그들은 긴장이 리더십을 위한 자연스런 시합장이라고 이해한다. 지도자들은 한쪽 편을 위한 승리를 통해서나 혹은 타협을 통해서 긴장을 해결하는 것이 아니다. 지도자들은 하나님의 현존과 지혜를 통해 산재한

긴장을 보고, 나타날 하나님의 새로운 창조를 기다린다. 종종 제3의 대안
은 하나님이 우리의 한가운데서 행하시는 "새로운 일"이 된다.

제 8 장

포용하려고 애쓰다

아리스토텔레스는 비슷한 사람들은 훌륭한 도시들을 세울 수 없다고 하였다. 웨슬리는 활기찬 종교 공동체는 다른 종류의 사람들과 하나님의 지혜에 대한 다른 이해의 풍부함이 있어야 한다고 하였다. 사상과 사람들에 대한 웨슬리의 접근은 배제보다는 포용이다. 그는 다양한 생각들과 성실한 사람들 속에서 섬기고자 하였다.

포용의 목표는 목적과 방향 그리고 공약의 일치이지 결코 획일화가 아니다. 일치 된 중심이 없다면, 포용은 단지 관계없는 차이들의 집합이 될 뿐이다. 웨슬리안 영성에서 포용은 공통의 기초를 요구한다.

일치는 유사함이라기보다 마음이 비슷하다는 것이다. 사실 "나 같은" 사람들만을 모으는 것은 위험하다. 비슷한 마음은 결코 주어지는 것이 아니다. 오히려 폴레트는 "우리 자신은 비슷한 마음으로 성장하는 것"이라고 우리를 상기시켰다.[1] 그것은 결코 가장할 수 없다. 우리는 다양한 생각을 가진 다양한 사람들을 화합하는 기본원리를 항상 우리의 생각 맨 앞에 명확하게 두어야 한다.

다양한 생각

지금까지 보았듯이, 웨슬리는 서로 다른 주장과 종종 경쟁적인 주장들을 하나로 결합하려고 노력하였다. 그가 그렇게 한 것은 그가 매우 다른 사람들과 그들의 관점에서 하나의 연관을 느꼈기 때문이었다. 그는 자기 자신에서보다 전통 속에서 더 많이 가치를 발견하였다. 결과적으로 그는 그러한 가치들을 보존하고 결합하기를 바랐다. (앞장에서 다룬) 그의 제3의 대안에 대한 헌신은 포용하는 수단을 제시하는 데 도움을 주었다.

웨슬리가 자기 자신과 다른 반대 입장에 정열을 가지고 참여하는 동안, 그의 본성은 그가 배울 수 있었던 다른 입장들과 동일화할 수 있었다. 메리 파커 폴레트는 그것을 이렇게 정의한다. "우리의 적은 우리의 협력적-창조자들이다, 그들은 우리가 가지지 못한 어떤 것을 줄 수 있기 때문이다. 모든 협력적인 활동의 기본은 통합된 다양성이다."[2]

조지 하크니스(George Harkness)는 이러한 웨슬리안 영성을 반영하였다. 그녀는 항상 "자원이 무엇에서 오든지" 반대의견에서 발견하는 더 많은 진리에 대해 항상 개방된 자세를 추구하였다. 그녀는 "한 사람이 자신이 믿는 진리로 사는 것과 다른 사람들이 그들이 믿는 것처럼 다르게 사는 것을 인정하는 것"이 가능하였다는 것을 느꼈다. 그렇게 하기 위해서는 우리는 함께 결합해야 하고, 긴장 속에서 "결단력 있는 관용과 그리스도인의 확신 있는 열린 마음"이 있어야 한다.[3]

메리 엘리자베스 무어가 부른 웨슬리의 "대조 신학"은, 웨슬리 시대만큼이나 오늘날에도 유용하다. 대조의 한쪽 끝만을 주장하는 것을 거부한 그의 태도는 이전만이 아니라 오늘날에도 필요하다. 현시대의 논쟁들은 논쟁의 다른 극에 열정적으로 참여하지만 웨슬리안의 긴장을 잃어버리지 않은 사람들을 종종 고무시킨다. 무어가 말하기를 "그런 신학적 토론은 대조의 역동성을 가지고 사는 것보다 교리들을 어렵게 고착시키고, 교리로 논쟁을 일삼는 경향이 있다. 그런 신학적 반성은 삶보다는 죽음에 더 많은 공헌을 한다."고 말한다.[4]

그러므로 웨슬리의 접근은 그리스도 사상과 실천 안에서 많은 분열에 다리를 놓았다. 웨슬리의 관심은 아우틀러가 한때 "논쟁의 세기를 일으킨 시시한 양극성들"이라고 불렀던 것에 대한 대안을 찾는 것이었다.[5]

너무도 비번하게 교회와 교회 기관들은 그러한 차이들을 이어 주려는 노력을 하지 않았다. 실제로 모범적인 기독교인들이 때때로 더 큰 분리와 불신의 근원이 되었다. 기독교인들 사이에 일어난 불신은 우리가 모두 겨루어야 할 악의 힘보다 더한 두려움을 일으키는 것 같다. 구속과 화해보다 더한 상처가 그러한 분위기 속에서 발생한다. 결과적으로, 교회와 기관들이 서 있는 토대는 점점 더 작아졌다. 우리는 몇 가지 실천을 통해 사람들을 포용하고자 하지만, 한 자리에 모인 사람들 주변에서 그들이 환영받지 못하게 거꾸러뜨렸다.

어느 날 웨슬리안 전통 속에 있으나 서로 다른 신학적 견해를 가진 두 명의 대학원 학생들이 대화를 하고 있었다. 한 명은 다른 학생에게 다소 겸손한 태도로 말하였다. "너는 네 신학을 바꿀 필요가 있어. 그래야 넌 정의로워질 수 있어." 다른 학생이 그 토의를 다시 정리하였다. 그는 그들 각자가 가진 질문은 똑같은 것이라고 넌지시 말하고, 그것은 "어떻게 네 신학적 이해를 알리고 어떻게 정의에 대한 그리스도의 부르심을 실행할 것인가?"라고 말하였다.

사회와 공동체의 변화를 경험하는 교회들에 관한 연구는 예외 없이 신학적 범주들이 교회가 그러한 변화에 어떻게 대응을 해야 하는지에 대한 좋은 예언자 역할을 하지 못함을 발견하였다. 연구원 낸시 앰머만(Nancy

Ammerman)에 따르면 "진보적이냐 또는 보수적이냐 하는 것은 사람들이 인종적인 변화와 경제적인 변화 그리고 다른 변화에 적응하는가 하지 못하는가 하는 것이나, 또는 어떻게 그러한 변화들에 적응하는가에 대한 실마리가 아니다. 보다 중요한 것은 그 상황을 설명하는 데 신학적 전통의 자원을 사용하고 싶어 하였다는 것이다. 적응하는 모임들은 그들의 상징과 새로운 방식의 이야기들을 사용하려고 적극적으로 노력하였다."[6]

웨슬리안 운동은 교리 논쟁으로 시작하지 않았다. 교리는 항상 사람들에게 하나님의 사랑을 소개시켜 주고 예수 그리스도와의 만남을 통한 구원을 가능하게 만드는 일에 도움을 주었다. 그리고 하나님의 사랑과 지식 속에서 성장하도록 돕고 사회적 증거를 제공하였다. 교리상의 해석 – 복음주의 선포, 제자 훈련의 양식, 사회의 증거와 함께 – 은 하나님과 생동감 있는 관계에서는 뗄 수 없는 구성요소가 되었다.[7]

다양한 사람들

웨슬리는 항상 자신과 다른 사람들에게 찾아갔다. 그와 초기 감리교인들에게 다양성은 하나의 도전이었다. 그러나 그 결과들은 웨슬리가 사명으로 여겼던 그 진지함을 명확하게 해 주었다. 웨슬리는 사회적으로 경제적으로 다른 사람들을 찾아 다녔다. 특히 그는 사회와 하나님으로부터 거절당하였다고 느끼는 죄인들에게 열린 교회를 추구하였다. 그는 한 찬송가에서 "버림받은 사람들이여", "나는 여러분을 초청합니다."라고 말하였다. 하나님께서는 "여러분 모두를 품에 안기 위하여" 팔을 벌리셨다.[8] 그것은 세상이 오늘날 교회로부터 그토록 듣기 원하는 은총과 소망 그리고 초청의 말씀이다. 양극화 되고 이기적인 세상 속에서 "여러분 모두를 품에 안기 위하여" 노력하는 교회는 참으로 복된 소식이다.

초기 미국 감리교인들은 오로지 다수의 대중에게만 초점을 맞출 수가 있었다. 대신 그들은 언어나 현실을 아직 알지 못하는 땅에서는 다(多)문화를 선택하였다. 해치는 "영국 국교회의 한 세기보다 감리교인들이 설교하는 십 년 동안 더 많은 아프리카 미국인들이 기독교인이 되었다."고 지적한다.9)

다른 많은 역사의 예에서 보듯 그 증언은 하나로 혼합된 것이다. 그런 예들은 되풀이되는 방식으로 나타나지 않는다. 오히려 그들은 심지어 성장이 한계에 이르러 회개를 요구할 때에도 "내적 성장"을 계속 하게 하는 영성을 제공하는 데 도움을 주었다. 디트리히 본회퍼는 "감사와 참회의 해법 안에서 지나간 모든 것을 계속해서 씻어 버려야 한다."는 말을 옥중에서 썼다.10) 예를 들어, 1784년 크리스마스 때 모인 회의에서는 미국 노예제도 폐지를 요구하였다. 그러나 일 년 내내 노예제도의 조정을 시도하였을 뿐이다. 다른 교회들의 형성되는 주변의 상황들, 특히 아프리카 미국 웨슬리안 교파들이 형성되었던 주변의 상황은 보다 포괄적인 경향으로 존재하는 인종주의와 계급주의의 분명한 예를 드러냈다. 전성기 때의 웨슬리안 영성은 오늘날에도 여전히 우리의 리더십을 일깨워 준다.

다양성의 실제

사람들을 포용하는 갱신된 영성은 오늘날에도 결정적으로 필요하다. 로젠과 헤더웨이는 베이비붐을 일으킨 세대 다음에 "미국에 증가하는 민족과 인종의 다양성은 적어도 새로운 4반세기를 통하여 주류적인 인구통계의 경향이 될 것이다."라고 주장한다.11)

조엘 코트킨(Joel Kotkin)과 요리코 키시모토(Yoriko Kishimoto)는 미국의 미래를 "유럽인 이후의 아메리카(Post-European America : 유럽 사람들이 미국으로 옮겨가서 유럽인 중심의 미국이 됨. - 역자 주)"라고 설명한다. 미국은 "실제로 지구상의 모든 민족과 종교를 묶은" "세계 국가"가 될 것이다. 미국이 건국 300년이 될 때, 미국인의 절대 다수는 유럽 이외의 다른 곳에서 온 사람의 자손이 될 것이다.[12]

미국이 빠르게 다양한 민족들이 성장하는 비율이 급상승하는 몇 가지 이유들이 있다. 달라지는 출생률과 이민 패턴들이 주요 요소들이다. 최근 인구 조사에서는 10년 동안의 인구 성장률을 보여 주었다. 아프리카 미국인들은 13% 정도로 증가하였다. 라틴 아메리카인들은 53% 성장하였다. 아시아인과 태평양 열도에서 온 인구의 수는 두 배 이상 증가하였다. 미국 원주민의 인구는 38% 성장하였다. "다른 민족들"의 범주는 45% 성장하였다. 같은 해 동안에 백인 인구는 6%가 증가하였다.

미국 인구 통계국(U.S. Census Bureau)에 따르면, 21세기 중엽에 오늘날 74%보다 낮은 53%의 인구가 비라틴 아메리카 백인일 것이라고 한다. 20세기 초기에 비라틴 아메리카 백인들의 인구는 전체 인구의 90%를 차지하였다.

반면 라틴 아메리카인들은 현재 10.2%에서 전체 인구의 24.5%를 차지할 것이다. 아시아인들은 지금의 3.3%에서 8.2%를 차지할 것이다. 21세기 중엽쯤이면 아프리카 미국인들은 현재의 12%보다 많은 13.6%가 될 것이다. 이것은 바뀔 가능성이 있는 예견이지만, 다양성의 경향은 잘못될 여지가 없다.[13]

스티븐 홈머스(Steven Holmes)는 노예무역이 남부의 민족 구성을 바꿔 놓았고 이민이 많은 도시 지역에 인종의 독특한 정취를 주었기 때문에 미국은 민족과 인종의 구성에 관해서는 "가장 역동적인 변화"를 경험하고 있다고 말한다. 여기에 제2차 세계대전 이후의 베이비 붐 시대는 이후 30년에 걸쳐 일어난 라틴 아메리카계와 아시아계 인구 증가에 비해 기대한 만큼의 성장 수준에 도달하지 못하였다.[14]

일 년에 대략 80만 명의 합법적 이민자들과 30만 명의 불법이민자들이 미국으로 왔다. 이전의 50년보다 더 많은 이민자들이 최근 15년 사이에 이주해 왔다. 1970년과 1994년 사이에 이민자들은 4.8%에서 8.7%로 증가하였다. 다양성에 있어서 가장 중요한 것은 새 이민자들이 예전의 이민자들에 비해 다른 나라에서 왔다는 점이다. 1950년대 훨씬 적은 수의 3분의 2가 유럽과 캐나다 출신이었다. 1980년대까지 거의 반이 멕시코와 라틴 아메리카 지역 카리브 해 출신이었고, 거의 40%가 아시아 출신이었다.[15] 새 이민자 중 겨우 10%만이 유럽 출신이었다.[16]

민족과 인종에 비례한 인구 성장은 특히 젊은이들 사이에서 뚜렷하다. 샘 로버츠(Sam Roberts)는 아마도 십 년도 못 되어서 "흑인, 라틴계, 아시아인들이 이 나라의 거의 대다수의 아이들을 구성할지도 모른다."고 내다보았다.[17]

인구 통계학자 윌리엄 프레이(William Frey)의 전망에 따르면, 2020년까지 12개 주에-뉴잉글랜드 위쪽의 대평원과 서부 산간 지역-17세 이하 인구의 80% 이상이 백인이 될 것이다. 그러나 이 기간에 또 다른 12주-캘리포니아, 텍사스, 대부분의 북동부 주들을 포함하여-에서는 17세 이하의 백인들은 분명히 소수가 될 것이다.[18] 인구통계국에서는 30년 후에 비 라틴 아메리카 백인들이 18세 이하 사람들의 반도 되지 않을 것이고, 이러한 백인 중 4분의 3은 65세 이상이 될 것이라고 예상한다.[19] 이러한 젊은 층들의 증가하는 인종의 다양성은 미래에 훨씬 더 많은 중요한 영향을 끼치게 된다. 교회 지도자들이 이러한 변화에 주의를 기울이지 않는다면, 다양성과 관련된 것은 교회 지도자들에게 감지되지 않을 것이다.

C. 킥 헤더웨이(C. Kirk Hadaway)는 기성 교단들에 날카롭게 도전하였다. 그는 "기성 교단들이 미래 성장을 위해 중요한 열쇠 중 하나는" "그들의 색깔을 잃지 않으면서 전통적 백인과의 친밀함을 넘어서는 것이다."라고 주장한다.[20] 우리는 우리를 넘어서야만 한다. 분명한 것은 다음 세기의 교회의 생명력은, 미국이 직면한 변화에 응답할 수 있는 의지와 능력에 따라 거대한 확장이 구체화될 것이다.

하나 되게 하는 중심, 예수 그리스도

다양성은 견뎌 내야 할 것이 아니라, 오히려 축하해야 할 것이다. 다양성은 항상 도전이지만 우리에게 많은 보상을 준다. 폴레트는 "모든 다양성을 현명하게 다루게 되면 모든 창조적인 지도자들이 추구하는 '어떤 새로운 것' 으로 인도될 것이다."라고 주장한다.[21]

그러나 신앙 공동체에서는 더욱 많은 것을 이야기해야 한다. 우리가 아는 대로 사람들은 하나가 되어서도 비(非)신앙적일 수 있고, 각기 분열되어도 비신앙적일 수 있다. 다른 사람과 신앙에 차이가 있는 사람들은 다른 점들보다 훨씬 강한 공통의 무엇인가가 있어야 한다. 그것이 에밀리 타운스(Emilie Townes)가 교회에서 다양성에 대한 출발점은 항상 기도와 금식이어야만 한다고 말하는 이유일 것이다.[22]

맥코믹 신학대학원 총장 신시아 캠벨(Cynthia Campbell)은 신학교의 다양성을 알리는 취임연설에서 "우리는 다양성 안에 있으며, 우리 스스로 공동체와 협력하여 유지하기에 충분치 않음을 인정해야 한다. 전에는 전통적으로 이전에 함께하지 않은 사람들과 함께하게 하는 것은 … 해야 할 좋은 일이다. … 그러나 함께 머무는 것, 함께 일하는 것, 함께 성장하는 것에 대해서는 다양한 공동체가 하나의 중심, 공통의 근거, 헌신의 핵심을 찾아야만 한다.”는 것을 의미한다고 말하였다.

레티 러셀은 소수든 수천 명이든, 모든 파트너십에는 하나의 중심이 필요하다고 주장한다. 그 중심은 헌신의 기초이며 회원들에게 힘과 정체성을 준다. 중심에 대한 헌신은 개인들이 위협을 느끼지 않은 채 다른 사람들에게 개방하는 것을 허용하는 것이다. 단일성과 힘의 근원으로 이런 중심적인 헌신 없이, 사람들은 러셀이 “옛 수학”이라고 부른 것으로 돌아간다. 옛 수학은 첨가와 감수(減數)가 특징이지만, 창조적인 상호작용과 협력에서만 나올 수 있는 가능성과 기회의 확대를 잃어버리게 한다.[23]

프레드릭 뷰크너(Frederick Buechner)는 1950년대 유니온 신학대학교 시절에 대하여 말한다. 뷰크너는 오늘날 기준과 다르지 않지만, 그의 경험은 신학, 정치학, 국가, 문화, 교회 비전의 극단적인 다양성 중의 하나였다고 말한다. “그러나 우리가 서로 다른 방식에서 모두 공유하였던 생기를 주는 깊은 무언가가 있는 것 같았다.”라고 말한 뷰크너는 큰 식당 문 위에 적힌 라틴어를 발견하였다. “그들은 떡을 나눌 때 그를 알았다.”[24]

진정한 포용

진정한 포용은 공동된 중심을 공유할 때 오는 결과다. 다양성과 포용성은 그들 자신 안에 있는 목적이기보다는, 모든 부류의 사람들을 나눌 수 있는 어떤 차이보다도 더 강하게 뭉치게 하는 신앙이라는 부산물로 크게 커진다. 이것은 다른 교인들이 다양성에 관하여 거의 말하지 않지만 그들의 삶 속에서 많은 민족적, 경제적, 문화적 차이들을 나타내는 반면, 왜 다양성의 미덕을 드러낸 몇몇 교회들이 규칙적으로 그것에 대하여 아주 적은 차이를 나타내 보이는가에 대한 하나의 이유가 될 수 있다. 칼 두들리(Carl Dudley)는 "문화의 장벽을 가로질러 사람들을 연합하는 교회들은 그들의 연합의 더 깊은 종교적 근원과 그들의 다양성을 가능케 하는 근원이라고 이름 지을 수 있다."고 말한다.25)

웨슬리안 영성에서 리더십에는 셀 수 없는 차이가 있지만, 그리스도 안에서 연합을 발견한다. 그리스도 안에서의 그러한 연합은 구별과 자기 정체성을 주장하지만, 차이들은 예수 그리스도라는 공통된 중심의 새로운 면에 놓이게 된다. 이러한 리더십은 하나님의 귀한 자녀들로서 사람들을 존경함으로써 연합하는 것을 말한다. 다른 경우처럼, 웨슬리안 전통의 예는 다른 사람들과 정상적으로 서로 관련이 없는 개념과 사람들을 함께 모으는 것이다.

따라서 많이 배울수록 우리의 지식이 얼마나 제한되어 있는지를 깨닫기 때문에, 우리가 지식과 겸손을 결합할 수 있다면 더 많은 사람들이 신앙공동체를 경험하게 될 것이다. 또 우리가 열정과 희망을 결합하면, 더 많은 일이 일어날 것이다, 우리 자신의 가치와 믿음이 더욱 분명해질수록, 다른 사람들의 견해에 대해 더 자유롭게 용인할 수 있는 여유를 가질 수 있기 때문이다.

웨슬리안 영성을 가진 지도자들인 우리는 지식과 겸손 안에서 성장하게 될 것이다. 우리는 우리가 믿는 진리에 관하여 더욱 열정적이게 될 것이고, 또한 우리의 믿음을 자리 잡게 하는 데 더 넓은 전망을 얻게 될 것이다. 나아가 하나님께서 같은 방법으로 지혜를 드러내지 않았던 다른 사람들에 대한 우리의 존경 안에서 우리가 매일 자란다 하여도, 우리 자신의 확신은 더욱 강해지고 깊어지게 될 것이다.

제 9 장

"서로를 잇는" 사건을 만들다

미 연합감리교회의 한 감리사가 연회 기간 동안 두 교회를 방문하였다. 한 교회는 교인수가 많고 재정적으로 단단한 교회였다. 이 교회는 여러 사역을 지원하는 튼튼한 경제적 지원 구조를 갖추고 있었다. 이 교회가 새해 계획을 세웠을 때, 많은 항의가 있었다. 감리사는 교회의 노력에 지지를 보내고, 용기를 북돋워 주고 싶었다. 충만한 그리스도의 증인됨은 꼭 내 교회에서만 가능한 것이 아님을 알려주고 싶었다. 그는 사역을 지원하는 구조가 그 지방의 훨씬 작은 교회의 예언적 증거를 지탱시켜 주는 일과 관계있다는 것을 상기시켰다.

얼마 후, 감리사는 그 작은 교회를 방문하였다. 그 교회 역시 새로운 1년 사역을 세우면서 여러 가지 어려움에 직면해 있었다. 작은 규모와 제한된 재정 자원 탓에 새 사역이 불확실해 보였다. 교회는 교단의 지도자들과 동료들에게 이해와 격려를 필요로 했고, 결국 지원을 받음으로써 그들 사역이 그리스도 증인이라는 커다란 연결고리 중 한 부분임을 보여 주게 되었다. 감리사는 작은 교회가 소명을 수행하기 위해 노력하는 것이 큰 교회의 사역과 관계가 있음을 상기시켰다. 그리스도의 사역이라 할지라도 신실한 사역을 위해 필요한 모든 것을 다 할 수는 없다. 이처럼 그리스도의 교회 중 그 어떤 부분도 상호 지지와 격려, 그리고 교회의 다른 부분에 대한 지혜 없이는 모든 것을 다할 수는 없다.

웨슬리안 영성 지도자들은 이것을 "관계의 원칙"이라고 한다. 관계는 웨슬리안 전통의 풍부한 개념 중 하나로, 우리가 조심하기보다는 경외하는 용어다. 관계는 우리가 이해하는 것보다 더 많은 것을 불러일으킨다. 그것은 힘보다는 경외를 – 때로는 경시를 – 일으킨다.

첫 번째 신학적 개념

"관계"라는 용어의 사용과 일반적 이해가 변화된 방법에서 문제가 된다. 대부분 미국 연합감리교인들에게 "관계"라는 단어가 관료적인 관계 또는 교단적 연계망을 의미하게 된 것은 불행한 일이다. 데니스 캠벨(Dennis Campbell)은 "관계라는 훌륭한 웨슬리안의 신학 사상이 재정·개인이나 정부의 조직을 설명하는 것으로 축소된 것은 비극이다."라고 주장한다. "위기에 처한 것은 교회의 본질과 목적일 뿐이다. 관계는 모든 신학 사상의 최우선이다."라고 한 그의 말은 옳다.[1]

관계의 신학적 의미를 회복하는 것은 그것의 힘과 관련성을 회복하는 데 있어서 중요한 첫 걸음이다. 웨슬리에게 관계는 교회론적인 요청이다. 교회가 어떤 하나의 특수성 안에서 통전적이 아니고, 다만 관계 안에서 통전적이라는 의미다. 이는 교단적 구조와의 동의어가 아니다. 그 대신, 캠벨의 말을 빌리자면 관계는 "그리스도께 헌신하고 훈련 안에서 하나가 되고 복음의 선포와 그리고 하나님의 통치를 위한 권위 아래에 있는 사람들의 하나의 살아 있는 조직체이다."[2]

역사를 통해서 보는 관계

초기 미국 감리교의 관계에 관한 보다 깊은 이해를 하는 것은 관계회복에 있어 매우 중요하다. 러셀 리치(Russell Richy)는 초기 미국 교회의 관계의 본질을 조심스럽게 설명한다. 그는 감리교가 오늘날 생각하는 것처럼 지역 중심의 교회가 아니었다는 데 주목한다. 지역 교회에 중점을 두게 된 것은 한 세기 후였다. 따라서 그러한 상황에서 관계는 지역 교회들의 연결고리로 이해될 수 없었다.[3] 리치에 따르면, 웨슬리안 전통에는 "지형적인 근본주의"가 없었다; 지역 교회의 근본주의란 존재하지 않았다는 것이다.

"설교하는 집(preaching house)"은 설교를 하는 장소였을 뿐이었다. 심지어 1840년대와 그 후 감리교가 가장 큰 교파가 된 후에도, 수천 명의 감리교 설교자들은 여전히 매주 "교회 건물" 없이 설교하였다.

신앙의 강한 지역적 표출이 생겼다. 그러나 리치는 "감리교인들의 삶은 교인들끼리 일치하기 위해 대단히 역동적이며 평신도 중심적이고 협력적이다."라고 지적한다.[4] 역사가들은 이러한 초기 관계를 설명하기 위해 "선교적, 융통성 있는, 적응할 수 있는, 확장된, 복수적인 형태의, 그리고 중심으로부터 분산된"이라는 단어들을 사용한다.

리치는 계속해서 그런 분산된 운동은 "흑인과 백인, 부자와 가난한 자, 남자와 여자, 영어를 말하는 사람과 독일어를 말하는 사람을 포용할 수 있었고 또 포용하였다."고 지적한다.[5] 이것은 "존경 받는 길로의 순례"가 있기 전이었다.

관계의 다양한 표현들

오늘날 많은 사람들에게 '관계'가 좁은 범위로 이해된다는 것은 정말로 안타깝다. 전통적인 생각에서는 할당 정도로 여기고, 그리고 일련의 다른 것을 잇는 다리나 중개소로 생각한다.[6] 연합해서 힘을 모은 후원 계획이 지금껏 관계의 일부가 되어 온 것이 사실이다. 또한 연합으로 나타나는 외부에 대한 봉사의 제도화된 방법들은 관계주의(Connectionalism) 영성에 분명하게 드러나 있다. 그러나 관계주의는 이보다 훨씬 더 다양하다.

러셀 리치는 웨슬리안 전통에 나타난 관계주의의 여러 양상을 8가지 개념으로 나타냈다.

1. 관계주의는 웨슬리안이다; 그 기원은 웨슬리 자신의 신학과 실천에 뿌리를 둔다.
2. 관계주의는 영성, 연합, 선교, 통치, 그리고 친교를 포함한 분명하고 다양한 교회의 비전이다.
3. 관계주의는 배타적인 것을 통해서가 아니라, 가장 필요한 곳에 파송된 순회 설교가들 안에 가장 생생하게 상징화된 선교 원칙이다.
4. 관계주의는 하나님에 대한 충실한 약속 행위며 신앙 공동체에 대한 책임이다.
5. 관계주의는 공평의 윤리인데 이는 예를 들어 나눔의 사역을 돕기 위한 균형 있는 재정 지원에 민감하게 반응하는 윤리다.
6. 관계주의는 특별히 초기 미국에서 복음을 필요한 곳과 사람들에게 연결시켜 주는 역할을 한 효과적인 목회 전달 체계다.
7. 관계주의는 다른 시대에 그 자신을 다르게 표현해 주는 융통성 있고

발전적인 기준이다.

8. 관계주의는 실질적이고 경험적인 신학이며, 우리의 신학을 살게 하
는 길이다.[7]

무관계 대(對) 지역 교회

이 여러 양상들은 오늘날 논쟁이 관계 대 지역 교회로 정의될 때, 역사적 상황을 놓치고 있음을 알게 해 준다. 몇몇 사람이 제안해서 존재하는 것은 제도화한 회중주의인데, 이는 여러 해에 걸쳐 단체나 관료적인 모델을 재배치하려는 회중주의를 말한다.

교파중심 관계주의 대 지역교회 중심 회중주의를 선택하는 것은 우리의 웨슬리안 유산과는 맞지 않는다. 심지어 지역교회 중심의 관계주의는 관계에 대한 신학적 역사적 풍요로움을 획득하지 못한다. 더 많이 공헌하게 되는 것은 갱신된 관계라는 제3의 대안이다. 또는 어쩌면 '재발견된 관계'라고 말하는 것이 더 나을 수도 있다. 우리는 단지 옛 회중주의의 새로운 관계주의가 필요한 것이 아니다. 몇몇 사람들은 회중주의의 모양새를 긍정적으로 보기는 하지만, 웨슬리안 기독교인들은 그것의 한계를 너무 잘 알고 있다. 분명히 우리는 두 가지 각각이 가지는 현 상태를 그대로 유지할 필요는 없다.

리치는 감리교가 '(자기 집처럼) 마음 편히' 있게 될 곳이 어딘가? 반문하며 문제점을 정확하게 밝혔다. 감리교는 목사들이 감독하고 공동으로 경영하는 그들만의 건물 안에 마음 편히 안주할 것인가? 프로그램은 오직 중앙에서만 오고, 관료적인 과정들 때문에 방해를 받고, 책임만 살펴야 하나? 아니면 감리교는 사람들이 있는 집—감리교 메시지를 들어야 하

는 사람들의 집-으로 다시 들어갈 것인가? 감리교는 자기 건물에서 나와 밖의 이웃들에게로 나아갈 것인가? 감리교는 또다시 아주 역동적이고, 평신도 중심적이며 그리고 자신을 한 회중 속에 가두기 위해 협력적이 될 것인가? 감리교는 교회의 비전을 선교적이며, 융통성 있고, 확장하면서 분산시키는 것으로 개선할 것인가?[8]

필요한 것은 새로운 관계주의가 아니라 우리 기원인 옛(진정으로 옛) 관계주의다. 초기 관계주의의 기계적인 것이나 형식들은 필요 없다. 교회는 이러한 시절의 영성, 즉 힘과 변혁이 절실하게 필요하다.

감리교의 재관계

데니스 캠벨은 "20세기 말과 21세기 초 우리 과제는 감리교의 재관계"라고 말한다.[9] 관계는 웨슬리안의 구성 요소다. 그 과제는 구조적인 질문을 넘어서 풍요로움을 회복하는 것이다. 이와 같은 갱신된 관계주의는 21세기 갱신된 웨슬리안 증인들의 마음에 있게 될 것이다.

웨슬리안의 관계 원칙은 자아와 신앙공동체, 그리고 사회를 경이로운 상승 작용을 일으키거나 회복하는 길로 이끈다. 그레고리 샤이더(Gregory Scheider)는 이러한 역동적이고 생동감 있고, 상승효과를 일으키는 관계와 친밀성의 조화는 '성서의 거룩함을 퍼뜨리고' '대륙의 개혁'을 위해 고안되었는데, 마침내 '길들여지고 관료화되었다.'고 말한다.[10] 오늘날 지도자들은 생동감 있는 친밀성을 재발견해야 한다.

"감리교의 재관계"에서 핵심은 교회의 구성요소를 건전하고 생기를 주는 방식으로 다시 연결하고, 더욱이 훨씬 더 다루기 어려워진 부분들을 연결하는 방법을 찾는 것이다. 웨슬리안 기독교인들이 어떻게 하나님과 그리고 인간 상호 간 분리된 개인과 그룹을 연결할 수 있을까? 웨슬리안의 관계 원칙은 항상 선교에 그 필요성을 연관시켜 왔다. "교단 대 지역교회"라는 질문에 관한 지나친 자아도취가 교회의 자아도취를 절정에 이르게 하였다. 중요한 것은 그리스도 안에서 계시된 하나님의 능력을 어떻게 모두의 필요와 연결하는 가이다.

지도자들은 관계와 그 관계로부터 일어나는 연계 고리가 생겨나게 하는 사람들이다. 이것은 네트워크를 만드는 일보다 더 넓게 사람들과 관계한다. 네트워크를 만드는 일은 중요하다. 오늘날 사람들은 필요한 것을 알고 그것을 충족시키기 위해 네트워크를 만들려고 한다. 그러나 관계는 이보다 더 넓게 사람들과 연계된다. 오늘날의 관계는 훨씬 더 모험적이다. 기독교인들은 사람들 중 하나님의 통치에서 벗어나려는, 분리가 늘어나는 현상을 주목해야 한다.

존 가드너의 "엘리트의 분리" 설명(4장 참고)은 분열의 한 형태를 보여준다. 도시·교외·시골의 차이는 또 다른 딜레마를 보여준다. 인종분리, 차별, 노골적인 인종주의들은 끊임없이 우리를 괴롭힌다. 나이의 차별은 우리가 사는 동안 계속될 것이다. 가난한 자들과 잘나가는 자들 사이의 간격 확대는 가속화하고 있다. 교회가 이러한 분리에 대한 답이 될 수 있을까? 아마 그럴지도 모른다. 그러나 불행하게도 오늘날 많은 교회들이 사회가 전체적으로 행하는 것보다도 더 심각한 분열을 제공하고 있다.

지역의 다양성에 생기를 불어넣는 세계 선교

앞서 주목하였듯이, '관계'가 번거로운 관료정치라는 부정적 이해와 연관되어 있는 것은 불행한 일이다. 무엇보다도 관료정치는 거의 1세기 전에 출현하였던 오늘날의 큰 단체들과 연관되어 있다. 로사베스 모스 칸터(Rosabeth Moss Kanter)의 지적대로, 그것은 매우 점진적인 발전이었다. 그것의 의도는 개인적으로 권위가 있는 지도자들의 행위를 재조정하는 것이다. 즉 일시적 기분이나 개인적 욕구를 위하여 공평하고 공정한 기준에 의해 맡긴 전문성을 잘못 사용한 행위를 재조정한다는 것이다. 이것은 합리적이고 효과가 있었다. "이것은 또한 냉정하였다."고 칸터는 말한다. 관료주의는 혁신을 위해서가 아니라 반복을 위해 고안된 것이다; 관리하기 위한 것이지 창조를 위한 것은 아니다.[11]

관료주의를 전부 벗어 버리기 전에, 우리는 관료주의가 생겨난 긍정적인 동기들과 여러 해에 걸쳐 기여한 결과들을 잘 떠올려야 한다. 그러나 이 시대는 훨씬 더 역동적이고 융통성이 있으며 민감한 반응을 보이는 작업 방식들을 선호한다. 칸터는 역설 속에서 관료주의에 대한 대안을 발견한다. "생각은 작게" 그러나, 동시에 "힘과 범위에 있어서는 연합되고 통일되게" 하는 것은 하나의 도전이다.[12] 필요한 것은 기업가 정신과 시도를 관계적인 영성과 실천에 연결하는 것이다.

다른 커다란 단체들은 "중앙집권적 관료주의를 초래할 수밖에 없었는데 그 이유는 그들이 기본적인 시장들과 지역주민들, 즉 지역적인 표현과 반응을 요구하는 사람들에게 다가서는 데 실패하였기 때문"임을 알고 있었다. 다른 한편 그들은 "지역으로 또는 산발적으로 흩어져서 연결되지 않은 시스템을 유지할 수 없다." 많은 사람들이 찾은 답은, 칸터가 흥미를 북돋우는 개념으로 설명한 다음과 같은 것이다: "그들은 지역의 다양성을 포용한 세계적 선교를 세워가는 데서 통합을 이룬다."[13]

사고의 새로운 방식을 향하여 우리의 방식을 살아가기

이러한 시도는 갱신을 위한 교회가 어떻게 살아서, 그의 노정 중에 갱신이 일어나게 될 것인가에 대한 신학적 이해로서 갱신을 위한 프로그램이 아니다. 이것은 갱신을 이끌어 낼 옳은 생각이나 구조를 얻어내는 과정이 아니다. 그것은 그동안 있어 왔던 것들과는 다른 방법이다. "지역의 다양성을 포용하는 세계적인 선교" 안에서, 공동 과제에 함께 참여하고, 그러므로 프로그램과 구조는 당연히 하나님이 하시는 일의 능력에 뒤따라 일어난다.

사람들은 종종 새로운 비전이 '밑'에서부터 나오는지, 아니면 '위'에서부터 나오는지를 묻는다. 내가 알고 있는 최선의 대답은 – 만일 비전이 옳은 것이라면 – 그것은 중요한 것이 아니다. 그러나 우리 시대의 교파적 갱신의 경우 대답은 '밑바닥'에서 나와야 할 것이다. 미래의 방향은 특별한 장소에서 하나님이 살고 계신 변두리에 대해서 단서를 발견하는 사람들에게서 나올 것이다. 이 입장은 이상적인 태도에서 나온 것이 아니다. 이는 단순하게 관찰과 경험에서부터 일어나는 것이다.

제아무리 참여자들이 현명하고 신실하며 대표성을 가지고 있다거나 또는 그 수가 많다 하더라도, 우리 모두가 그렇게 간절하게 교회의 새로운 비전을 원하였던 것만큼 비전은 협의를 통해 생기지 않는 듯하다. 이것은 우리가 우리 방법을 생각하는 자연스런 경향 대신에 새로운 비전으로 우리 방식을 살아야 할 시대일지도 모른다. 사람들은 그들이 살아가는 삶의 방식을 삶을 사는 새로운 방법으로 생각하기보다는 그들의 방식, 즉 삶에 대하여 생각하는 새로운 방식으로 좀 더 쉽게 삶을 살아간다.

우리는 절실하게 몸부림치면서 여러 해 동안 새로운 삶의 방식으로 나아갈 길에 대해 생각하고 있다. 그것이 아직 잘 되지는 못하였다. 모든 사람들이 그 과정 때문에 지치고 짜증스러워졌다. 이 환멸감 속에서 비난을 하면서 비생산적으로 에너지를 허비하고 있다.

역사적으로 관계주의 이론은 실천과 한 번도 완전하게 맞아 떨어진 적이 없다. 이러한 불일치는 인간의 한계인만큼 그렇게 완전성의 결여를 나타내는 것은 아니다. 대부분은 우리가 행동하는 것(실천)보다도 더 말(이론)하는 것을 잘 하는 반면, 어떤 사람들은 초기 감리교인들이 정반대였다고 주장한다. 그들은 그들이 과거에 행한 일이 무엇인가를 묘사하기보다는 매일 매일 기능을 잘 발휘하였다. 이와같은 일이사례가 되는 것이 다시 필요하다. 우리 교육의 주의 깊은 합리성이 항상 도움이 되지 않을 수도 있다. 특히 미지의 선교 영역으로 가려고 한다면 더욱 그렇다. 이론을 완벽하게 갖추고, 그리고 거친 변두리지역을 전혀 고려하지 않는 집착은 새로운 시대에 새로운 선교적 에너지가 풀어지는 것을 방해할 수도 있다.

선교, 비전 그리고 관계성

관계주의는 단지 하나의 조직적이거나 경제적인 개념으로는 살아남을 수 없다. 관계는 신학적 뿌리와 근본을 회복할 때 살아난다. 선교를 떠난 진정한 웨슬리안 관계는 있을 수 없다. 하이젠라터에 의하면, 선교는 관계주의 사상의 근본적인 것이었다. 관계주의는 "공동의 선교를 발전시키고 영향을 끼치기 위한 중앙집권적이며 단일한 형태의 틀을 제공하였다."14)

웨슬리안 관계는 교회가 행하여야 하는 하나님의 부르심에 동참하는 것이다. 그 관계는 지식에서 힘을 얻는데 이는 우리가 이 지식과 함께 하나님이 오늘날 세상의 교회를 위해 가지신 비전에 참여하는 것을 말한다. 한 사람이 다른 기독교인들과 관계를 갖는 것이 특별한 시간을 위한 하나님의 부르심을 수행하는 것임을 아는 것은 핵심적인 것이다. 교회의 관계를 통한 그리스도의 증인의 모든 부분은 함께 얽혀져 있는데, 이는 의무나 전통에 의해서가 아니라 하나님의 의지를 가장 효과적이고 완전하게 수행하려는 열정으로 얽혀져 있다.

관계는 선교와 비전 위에 세우지만 기독교 공동체 안에 있는 관계를 통해 성장한다. 마가렛 휫틀리와 다른 사람들은 "관계는 모든 것이다"라는 것을 우리에게 상기시켜 왔다. 웨슬리안 관계는 조직상의 도표가 아니다; 그것은 기독교인들 사이의 관계를 풍성하게 하는 복합체이다. 이것은 실제로 오늘날 교회의 모든 구조들이 생겨난 영적 성장과 선교적 확장을 위해 형성된 관계에서 나왔다. 어떤 육체적 훈련이나 정신적인 학문적 추구의 많고 적음도 성취—즉 모든 장벽을 가로질러 개인과 그룹의 관계를 통한 기독교인의 관계의 결속을 경험하는 데서 나오는 성취를 대신할 수 없다. 그러한 관계는 초기 웨슬리안 관계의 분명한 특색이었다.

오늘날 관계의 형태들은 바뀔 것이다. 웨슬리안 운동의 초기에서부터 모든 과도기에 그랬던 것처럼 바뀌어야 한다. 옛 형태들의 한계는 관계의 원칙이라는 새롭고 혁신적인 표출들에게 길을 내주어야 한다. 수년 동안 이루어 놓은 관계를 단지 해체하였다고 해서 관계의 영성 가운데 드러난 하나님의 능력이 사라지는 것은 아니다. 오늘날 교회의 선교의 사명을 재확인하고 하나님의 비전을 인식하는 것이 중요하다. 또한 관계적인 연결들—하나님, 다른 기독교인들 그리고 세상—을 재발견하는 것 역시 중요하다. 실제로 우리는 "관료주의가 차차 감소할 때, 사람들 사이에서 관계의 질은 중요하게 성장한다."는 로자베트 모스 칸터(Rosabeth

Moss Kanter)의 발언을 잘 기억해야 할 것이다.[15) 선교, 비전, 그리고 관계를 둘러싸고 세운 갱신된 웨슬리안의 관계는 진정한 영적 갱신을 이끌 수 있다.

3

웨슬리안 영성 안에서의 리더십의 열정

제10장

하나님을 알다

(현명한 사람의) 영혼은 지구상의 것을 갈망하지 않고,
오직 하나님을, 살아 계신 하나님만을 갈망한다.
– 존 웨슬리[1]

기독교 지도자들은 리처드 박스터(Richard Baxter)의 목회 리더십에 관한 고전을 정기적으로 다시 읽을 것이다. 「개혁된 목사(The Reformed Pastor)」는 1656년 처음 출판되었다. 박스터가 심각한 한계를 가졌던 반면에, 정통한 관찰자는 그를 '청교도주의가 만들어 낸 … 가장 훌륭한 목사'라고 말하였다. 미국 감리교에서 프랜시스 애즈베리는 목사들을 훈련하는 데 이 책을 광범위하게 사용하였다. 이 책은 애즈베리의 마음을 매우 감동시켜 1810년 8월 19일 일기에 "오, 놀라운 상급이로다: 박스터의 개혁된 목사가 이 아침에 나의 손에 떨어지다니."라고 쓰게 하였다.[2]

박스터의 '개혁된'이라는 것은 교리상의 태도가 아니라 '갱신'–갱신된 목사를 언급한 것이다. 박스터는 "하나님께서 목회를 개혁하고 그들이 그들의 의무에 열심 있게 그리고 충실하게 하도록 조절하기만 하신다면,

사람들은 분명하게 개혁될 것이다. 모든 교회들은 목사들이 그들의 사역에 대한 지식과 열의 그리고 능력이 올라가거나 내려갈 때 목회 사역 (부나 세상적 권위가 아닌) 역시 올라가거나 내려간다."고 확신하였다. 박스터는 기독교 지도자들은 다른 누구에게 도움을 제공할 위치에 있기 전에 항상 먼저 자신을 영적으로 돌봐야 한다고 주장하였다. "당신이 (다른 사람들을 위하여) 음식을 준비하는 동안 자신이 굶주리지 않도록 … 주의하시오." 그는 계속하여 말하였다: "그러므로 당신이 청중에게 하나님을 믿으라고 설득할 수 있게 당신 자신을 제일 먼저 주의하시오." 존 웨슬리는 이렇게 말하였다. "기도하시오. … 다른 사람들에게 설교한 후에 내 자신이 버림받은 사람이 되지 않도록…"3)

우리는 박스터가 교회 지도자들을 위해 쓴 이 책에서 분명하게 밝히는 것이 모든 기독교 지도자들에게 진실하다는 것을 안다. 어떤 신실한 기독교인의 증거도 우리 삶에서 생생하게 계속되는 하나님의 현존에 대한 경험에서 멀어지게 할 수 없다. 우리의 영성이 방향과 목적, 힘 그리고 회복을 발견하는 것은 하나님의 영성과의 교제에서 오는 것이다.

많은 경우들에 대해 웨슬리는 청중에게 각자를 위한 목적을 분명히 상기시켰다. 그의 설교 "마음의 할례"에서 그는 다음과 같이 말하였다:

끝이 없고 무한하신, 그러한 하나님!

살기 위해서가 아니라 [하나님의] 이름을 찬양하기 위해 소망을 가지십시오: 모든 당신의 생각, 말, 그리고 일들이 [하나님의] 영광을 향하도록 하십시오. 당신의 마음을 [하나님께] 고정하십시오. 그리고 다른 것들은 그것들이 [하나님의] 안에, 그리고 하나님으로부터 존재할 때에만 마음에 두십시오. 4)

웨슬리안 영성 안에서 하나님을 섬기려고 애쓰는 지도자들은 웨슬리가 그랬듯이 로마서 12장 1~2절에서 힘과 안내를 받게 될 것이다. "그러므로 형제, 자매들아 내가 하나님의 모든 자비하심으로 너희를 권하노니 너희 몸을 하나님이 기뻐하시는 거룩한 산 제물로 드리라. 이는 너희가 드릴 영적 예배니라. 너희는 이 세대를 본받지 말고 오직 마음을 새롭게 함으로 변화를 받아 하나님의 선하시고 기뻐하시고 온전하신 뜻이 무엇인지 분별하도록 하라."

기독교인 리더십은 성취를 위한 행함이라기보다는 세상에서 하나님의 구속하심을 이루기 위한 하나님의 필요에 따른 행함이어야 한다. 목회자와 평신도의 분명하고 집중적인 리더십은 첫 1세기 때 만큼이나 오늘날에도 중요하다.

윌리엄 캠벨(Will Campbell)은 자신을 정형화하려는 모든 시도들을 거부한 별난 침례교 설교자인데, 그가 밀리(Millie)라는 이름의 한 여성과 겪었던 목회경험이다. 그녀는 35세로 내쉬빌 병원에서 암으로 죽어 가고 있었다. 그녀는 무신론자라고 주장하였다, 그러나 그녀는 온 힘을 다해 그녀가 존재하지 않는다는 하나님을 비난하고 있었다. 그가 여러 달 동안 그녀를 방문한 후 어느 날, 그녀는 그에게 말하였다. "목사님, 이제 제가 당신의 교회에 나가려고 하는데요." 캠벨은 "나는 교회를 가지고 있지 않습니다."라고 말하였다. 긴 침묵이 흐른 후, 그녀는 말하였다. "교회를 가지지 않았다고요? 나는 그렇게 생각하지 않는데요. 당신은 교회를 가지고 있지 않아요. 교회가 목사님을 가지고 있는 거죠."[5] 이것이 로마인들에게 쓴 편지이고, 존 웨슬리가 영적 리더십을 위해 하나님께 붙잡히는 것에 대해 말한 것이다.

리더십이 분명해지고 집중되기 위해서, 지도자는 하나님께만 관심을 두어야 한다. 이것이 모든 리더십을 형성하는 하나님의 방법이며 하나님의 뜻이다. 리더십이라는 여정이 감동적이고 놀라운 것은 바로 이것 때문이다. 세상에서 생명의 강력한 힘과 연결된 인생을 경험하는 것은 감동적이다. 하나님께서 지도자들을 부르는 하나의 법칙이 있다는 것은 놀랍고 위압적인 모험이기에 겁이 나는 것이다. 〈루터교인들을 위한 예배서(Lutheran Book of Worship)〉의 한 기도는 모든 기독교 지도자들을 위한 훌륭한 조언이 담겨 있다. "주 하나님, 당신은 우리가 끝을 볼 수 없는 모험으로, 아직 아무도 가지 않은 길에서, 그리고 알려지지 않은 위험의 길을 통해서 당신의 종들을 부르셨습니다."6)

하나님의 힘에서 분리된 리더십은 지도자들을 방황하게 한다. 그럴 때 그들은 자신의 관심거리, 또는 사아성취를 추구한다. 그러한 노력들은 지도자와 다른 사람들에게 고상하고 뭔가 이루어지는 것처럼 보일지도 모른다, 그러나 힘의 근원에서 분리된 리더십에는 어떤 영구한 힘도 없다.

그러므로 최고 목표를 추구하는 지도자들은 영적 능력의 부족으로 인해 교회를 쇠퇴로 이끌고 있는 자신을 발견한다. 때때로 교회나 교파 쇠퇴에 대해 이해할 만한 이유들이 있다. 불행하게도 지난 세대 기성 교회들의 쇠퇴 배후에 숨어 있는 이유들은 좋은 이유들이 아니었다. 갱신에 대한 갈망은 더 많은 팸플릿, 비디오, 계획에서 나오지는 않을 것이다. 우리의 사고방식에 변화가 필요하다. 우리는 바울이 말한 우리 생각들의 갱신이 필요하다. 우리는 하나님의 힘과 재결합해야 한다. 그와 같은 결합이 없다면 "웨슬리안 영성의 리더십은 없을 것이다." 그러한 영적 능력이 없다면, 우리는 절망의 한가운데서 소망을 추구하는 세상에 제공해야 할 것이 아무것도 없을 것이다.

지도자로서 우리의 소명은 우리의 미래와 교회의 미래를 위해 하나님의 비전을 구분하는 것이다. 하나님이 임박한 미래에 우리를 부르고 계신 비전을 상상해 보라. 바람직한 미래 – 즉 좋고 받아들일 만하며 완벽한 – 를 인식하는 것은 모든 시대 기독교 지도자들에게 항상 중요한 과제다.

바울은 현재의 실체들과의 순응을 경고한다. "실체들이 지금 어떠한지"
는 하나님의 궁극적인 뜻과 같은 의미가 될 수 없다. 우리의 삶과 교회에
서 일어나는 일의 현재는 하나님의 고결한 목적에는 항상 부족하다. 우리
는 미래를 위한 하나님의 비전을 인식하기 위해 계속 노력해야 한다. 우
리는 결코 변화하지 않는 정형화된 것으로 만족할 수 없다.

리더십과 영성은 필연적으로 연결되어 있다. 리더십은 우리가 좋고 받
아들일 만하며 완벽한 것에 대한 강력하고 열정적인 비전을 인식할 때에
만 확장이 가능할 뿐이다. 비전 없이는 이끌 수 없다. 비전은 하나님과 믿
는 자들의 공동체와의 친밀함에서만 나온다. 리더십은 더 나은 미래에 대
한 인식을 요구한다. 랭스턴 휴즈(Langston Hughes)의 기도문에서 "아직
까지는 없는 땅-그러나 이미 존재함에 틀림이 없는…"라고 묘사한 것과
같은 비전을 가져야 한다.[7]

지금은 담대한 비전과 리더십의 시대다. 지금은 웨슬리안 영성으로 능
력을 받은 지도자들을 위한 때다. 지금은 하나님과 하나님의 사람들을 위
한 웨슬리안의 열정에서 나온 능력을 지닌 지도자들의 때다. 바로 지금이
개인적 경험보다는 역사책에서 더 많이 알게 된 대담한 리더십을 위한 시
기다. 지금은 '당신의 몸을 산 제물로 드려야 할' 시간이다. 또는 레티 러
셀(Letty M. Russell)이 번역한 것처럼, '당신의 몸을 즉시 던져야 할' 때
다.[8]

리더십의 변화시키는 힘은 대단한 지혜나 복잡성에서 나오지 않는다.
하나님의 지혜로 가는 길은 보다 더 소박하고 단순하다. 우리의 생각을
갱신하는 것은 다른 사람들과 분리하는 것이나 또는 단순함을 복잡하게
만드는 것이 아니다. 그것은 '하나님의 뜻이 무엇인가를 인식하는 것' 이
다. 존 웨슬리는 "… 기독교인은 모든 일을 가장 숭고한 이성에 의하여,
자신의 의무를 암시하는 하나님의 자비로부터 행한다."라고 말하였다.[9]

언뜻 이는 단순해 보인다. 그러나 그 결과는 단순한 것과 거리가 멀다. 변화하는 삶과 공동체의 구속하심의 경험은 사람들이 자신의 삶을 하나님의 뜻과 일치시킬 때 일어난다.

아동정신과 의사이며 사회 비평가인 하버드 대학 교수 로버트 콜스(Robert Coles)는 아이들의 도덕적 삶에 관하여 폭넓은 시야로 글을 썼다. 어떤 한 어린 아이가 콜스의 삶과 연구 방향을 바꾸어 놓은 것이다. 1960년, 당시 루비 브리지스(Ruby Bridges)는 여섯 살 난 아프리카 미국인 여자 아이로, 부모는 가난하고 배우지 못한 사람들이었다. 그 해 그녀는 뉴올리언스 학교의 인종차별을 폐지시켰다. 그녀는 하루에 두 번 연방재판소의 집행관과 동행한 채 조롱하는 군중을 뚫고 학교를 오가야 했다.

콜스가 후에 자기 자신을 묘사하였듯이, 당시 그는 '거만한 젊은 정신과 의사'였다. 그는 루비 브리지스를 만났다. 그는 그녀의 행동을 심리학적인 조건을 들어 설명할 수 있다고 확신하였다. 그러나 브리지스를 알게 된 후 그는 "나는 이렇게까지 나쁜 사람이 되지 않을 수도 있었을 텐데…"라고 말하였다. 그가 발견한 것은 그녀의 행동에 대한 복잡한 심리학적 이유가 아니었다. 대신 그는 "성경에서 배운 대로 살기로 작정한 여섯 살 난 소녀의 헌신"을 발견하였다.[10]

20여 년 전 한 젊은 백인 목사가 미시시피에서 조금 떨어진 시골 소도시의 연합감리교회에 부임하였다. 그는 매우 보수적인 신학교를 갓 졸업하였다. 교인들은 그를 따뜻하게 맞아 주었다. 그들은 '개혁자', '선행자'인 목사들에게서 변화 받게 될 것을 흥분하며 기대하였다. 새로운 리더십을 갖춘 목회자와 함께 첫 여름 예배를 드렸을 때, 그들은 모두에게 익숙한 복음성가를 불렀다. "예수 예수 예수"로 가득한 그의 설교는 그들이 좋아하는 방법대로 선포되었다. 학교가 개학을 하는 9월이 되었다. 그 공동체는, 아프리카 미국인이 75%, 백인이 25%인데, 백인 학생들은 모두

사립학교에 다녔고, 모든 아프리카 미국인 학생들은 공립학교에 다녔다. 새로 온 목사님과 그의 아내는 1학년인 아이를 유일한 백인 학생으로 공립학교에 입학시켰다.

곧 교인들의 대표가 목사를 만나기 위해 왔다. 그들은 왜 그가 사회적 관습을 어겼는지를 물었다. 그의 대답은 간단하였다, 루비 브리지스를 회상하면서 "이것이 예수께서 나에게 하라고 하신 것입니다."

필립스 브룩스(Phillips Brooks)는 신학교 처음 시절 기숙사에서 정기적으로 기도회를 여는 몇몇 학생들이 있음을 알게 되었다. 그들의 경건은 그에게 깊은 인상을 주었다. 신학교에 들어오기 전 그에게는 그런 기도 모임이나 경험이 없었다. 그는 며칠 후 이 학생들 중 일부가 일상적으로 준비 없이 수업에 들어오는 학생들임을 알아차렸다. 그는 그 모습을 "보일러가 엔진과 연결되지 않았다."라고 평하였다.

오늘날 우리는 힘을 주는 메시지와 힘의 근원에서 우리 자신을 떼어놓았기 때문에 영적 능력을 잃어버린 것 같다. 웨슬리안 전통에 있는 우리는 뜨거워진 마음에 관해 말하기를 무척 좋아한다. 아마 우리는 처음 마음을 뜨겁게 하였던 그 불을 잊어버린 것 같다. "왜 우리는 더욱 더 거룩하지 못할까?" 고민하는 것은 감리교 초기 시절부터 총회록에서 제기된 질문들 중 하나였다. 그 대답은 사람들이 "수단을 사용하지 않고 목표만을 바라보는 것"이다.

확실히 교회에서 리더십의 위기는 부분적으로는 지도자들과 우리들에게 영적인 삶의 위기다. 대담한 비전을 가진 정신적 지도자들이 필요한 때다. "참으로 당신의 몸을 산 제물로 드려야 할" 때다. 참으로 "당신의 몸을 즉시 던져야 할" 때다. 새로운 웨슬리안의 갱신을 위한 때다. 대륙을 개혁할 때다. 온 땅에 영적 거룩함을 퍼뜨려야 할 때다.

어떤 신학교 학장이 교회에 오는 사람들이 반응을 보이는 훌륭한 목표에 초점을 맞춘 주제로 강의를 하였다. 겉으로 보기에 이러한 시도는 자신이 의도하였던 것에서 약간 벗어나 보였다. 여기서 주일 아침 사회봉사 때에는 최소한 네 가지 종류의 커피를 제공해야 한다고 제안한다. 그러나 수업에 참여한 한 나이지리아 학생은 이러한 제안이 어리석다는 생각이 들었다. 그는 (네 종류나 되는 커피를 준비하라는) 이런 소란을 이해하지 못하였다. 그는 자기 나라 사람들은 교회에 오기 위해 종종 20마일이나 걸어야 한다고 지적하였다. 그 학생은 "마침내 그들이 도착해서 … 그들은 커피를 찾지 않을 것이다. 그들은 커피보다는 삶을 변화시켜 줄 무언가를 바랄 것이다."

도전은 교회 지도자들과 함께 시작된다. 우리가 행하는 모든 시작, 중간, 끝은 하나님 알기를 추구하고, 우리 시대를 향한 하나님의 부르심을 인식하고, 그리고 하나님의 뜻을 행하는 것에서 드러나야 한다. 윌리엄 맥킨니(William McKinney)는 "하나님은 지나고 나서 생각나는 분(afterthought)이 아니다."라고 상기시킨다. 그는 기성 교회들에게 종교 메시지를 개선하라고 외친다. 너무 많은 지역 교회들과 교파들이 그들 자신의 필요와 일들에 열중하게 될 때, 그들은 주변의 모든 영적 위기를 무시하거나 다른 사람들에게 그것을 떠넘겨 버린다. 맥킨니는 "내가 오늘날의 종교 지도자들을 비판한다면 … 그것은 이러한 영의 문제들에 관해 우리가 공공연히 침묵하는 것이다."라고 하였다. 영적인 안내를 대신하는 많은 대안들이 생기는 것은 대부분 다른 그룹들이 이웃들의 종교적 필요에 대해 더 나은 일을 하고 있음을 반영하는 것이다.[11]

루터교인의 기도에는 하나님의 부르심의 위험한 본질에 대해 일찍이 언급하였다. "우리에게 믿음을 주소서"라는 것은 다음과 같은 뜻이 담겨 있다. "우리가 가는 곳을 몰라도, 굳건한 용기를 가지고 나아가는 것, 그러나 당신의 손이 우리를 이끄는 것만이 아니라, 당신의 사랑이 우리를

지지해 준다는 것; 예수 그리스도 우리의 주를 통하여…"12) 우리가 하나
님의 교회를 위한 웨슬리안 영성 안에서 신실하고 진실한 그리고 훌륭한
지도자가 되도록 노력하는 것은 바로 이러한 확신 때문이다.

제11장

그리스도를 선포하다

그러므로 우리의 몫은 "그리스도를 설교하는 것"이고,
이는 예수가 계시한 것이 무엇이든 그 모든 것을 설교하는 것이다.
– 존 웨슬리[1]

나는 믿음으로 노래하며,
믿음으로 기도하고 믿음으로 모든 것을 행하네;
예수 그리스도에 대한 믿음 없이 나는 아무것도 할 수 없다.
– 해리 후저[2]

웨슬리안 영성의 리더십은 항상 그것이 무엇을 위하여 존재하는지 – 예수 그리스도에 관한 선포 – 를 기억한다.

고린도 교회를 향한 바울의 설교는 오늘날의 교양 있고 철학적인 교회 지도자들에게는 이상하게 들린다. 바울은 "지혜 있는 자들의 지혜를 멸할 것"과 "총명한 자들의 총명을 폐할 것"을 말한다(고전 1:19). "하나님의 어리석음이 사람보다 지혜롭고 하나님의 약하심이 사람보다 강하니라(1:25)." "하나님께서 세상에서 미련한 것들을 택하여 지혜 있는 자들을 부끄럽게 하려 하시고 하나님은 세상에서 약한 것들을 택하여 강한 것들을 부끄럽게 하려 하시며(1:27)."

하나님의 사람들은 지혜를 추구하면 안 되는가? 총명을 바라면 안 되는가? 교회에서 리더십을 위해 힘을 추구하면 안 되는가? 물론 그렇지 않다. 바울의 설교는 지혜가 얼마나 쉽게 미련함이 될 수 있으며, 강함이 약함이 될 수 있는가를 상기시켜 준다. 그것들은 우리에게, 가장 현명한 자들이 제시하는 진리가 얼마나 빨리 없어지는지, 강해 보이는 것이 그 힘을 얼마나 빨리 잃게 되는지를 상기시켜 준다. 이것은 우리가 근본적인 것을 잊어버릴 때 발생한다. 리더십의 첫째 질문은 항상 근본에 대한 영적인 질문이다. 마음이 가장 열렬하게 집착하는 것을 결정하면 그것을 따라 무엇이 구체화될 것이다. 근본적인 것을 기억하는 것이 리더십을 유지시킨다. 망각은 결국 미련함과 약함을 초래한다.

워런 베니스(Warren Bennis)는 새로운 경영자가 들어선 크고 명성 있는 병원을 예로 들어 설명하였다. 예산이 거의 10억 달러가 되는 이 커다란 병원의 지도자로 학자타입의 사람이 선택되자 많은 사람들이 놀랐다. 그는 하버드 위원회보다 더 복잡한 어떤 회의도 주재해 본 적이 없었다. 게다가 그는 유대인 병원에서 일하는 아일랜드 가톨릭교회 신도였다.

복잡함은 처음 이 새로운 지도자를 압도하였다. 그와 그의 행정에 대해 아주 많은 불만들이 생겨났다. 그는 매일 사람들을 만나서 그들에게 중요한 문제들을 들었다. 그는 이전에 공식적인 지도자가 된 적이 없었던 반면에, 그는 리더십에 대해서는 타고난 감각이 있었다. 그는 그에게 병원의 근본적인 업무에 초점을 맞춘 올바른 질문이 필요함을 깨달았다.

그는 병원의 목적은 사람들을 편안하고 보다 건강하게 하는 것이라는 결론을 내렸다. 그러나 그 목적에 관해 생겨난 문제로 그를 찾아오는 사람은 단 한 명도 없었다. 그래서 그는 실제적으로 그에게 닥쳐오는 모든 일에 한 가지 질문을 하기 시작하였다. "이것은 사람들을 편안하게 하고 더 건강하게 하는 것과 어떤 관련이 있는가?" 이것이 근본적인 질문이었다. 그 외의 다른 모든 것은 다만 해설에 불과하다는 것이 그의 견해였다.

웨슬리는 근본적인 것을 결코 잊지 않았다. 예수 그리스도 안에서 드러난 복된 소식을 선포하는 것은 그의 평생 과업 중 처음이요 중간이며 마지막이었다. 그는 이러한 열정을 다른 사람들에게 계속 반복하여 상기시켰다.

당신은 아무것도 안 해도 좋다 그러나 당신은 영혼을 구해야 한다. 그러므로 이 일을 하는 데 모든 것을 사용하고 또 사용되도록 하라.[3]

수많은 시간 설교를 하는 것과 이 사회 저 사회를 돌보는 것은 당신의 일이 아니다; 그러나 당신이 할 수 있는 한 많은 영혼을 구하는 것; 가능한 한 많은 죄인들을 회개케 하는 것, 그리고 당신의 온 힘을 다하여 그들이 주를 볼 수 없는 것들을 제거하여 거룩함으로 세워 질 수 있도록 하는 것이 당신이 할 일이다.[4]

모든 감각과 배움 그리고 당신에게 있는 모든 시간을 사용하시오; 당신 자신을 잊어버리고, 오직 한 가지만을 기억하시오. 이 사람들이 바로 그리스도가 위하여 죽은 영혼들 이라는 것을; 행복한 영원함이거나 또는 비참한 영원함의 상속자들![5]

근본을 잊어버리고 비평에 배타적으로 초점을 맞추기는 쉽다. 이것은 오늘날 많은 교회들이 겪는 딜레마의 주요 부분일 수도 있다. 문제는 하나님에 대한 사람들의 관심부족이 아니다. 사람들은 삶의 목적에 관해 신중하게 주의를 기울인다. 인류는 오늘날의 사람들을 노예로 만드는 모든 억압에서 해방되는 것을 못 견디게 그리워한다. 사람들은 그리스도의 메시지의 근본적인 것이 무엇인가에 깊은 주의를 기울이고 있다. 그러나 그들은 많은 교회에서 일어나는 것에 대해서는 관심하지 않는다.

종교와 영적인 문제들에 관하여 그처럼 엄청난 관심이 있었던 바로 그 시기에, 많은 종교 지도자들과 교회들은 이러한 영적 필요들을 위한 어떠한 언급도 없었다. 이것이 사람들이 그처럼 진지하게 고민하는 대안들을 취하게 된 이유 중 하나다: 종교 지도자들은 하나의 공백을 그대로 남겨 두었다. 그런데 예를 들면, 이 공백으로 인하여 일반적인 영성 – 자기중심에 근거하는 것 이외는 아무 것도 아닌 – 이 그 속으로 들어간 것이다.

윌리엄 맥킨니는 "특히 (미국의) 기성 교회들이 영적 위기를 말하는 데 실패하기 때문에 우리는 종교 메시지에 관하여 새로운 단언을 재요청할 필요가 있다."고 말한다.[6]

많은 교단들이 교회와 교인이 더 줄어들 거라고 말하였지만, 실제로는 다른 어느 때보다도 오늘날 교회들이 더 많이 있으며, 더 많은 사람들이 그들의 삶에 대한 목표와 의미, 그리고 희망을 찾고 있다. 만일 이 사람들이 우리 교회에 없다면, 이는 맥킨니의 관찰을 반영한 것인데, 다른 그룹들이 아주 쉽게 우리 이웃들의 종교적인 필요에 관하여 언급하는 더 훌륭한 일을 할지도 모른다.[7]

바울의 설교는 새로운 겸손이 필요함을 상기시켜 준다. "그러므로 누구든지 인간적인 지도자들을 자랑 하지 말라(고전 3:21a)." 이러한 인간적인 지도자들을 자랑하는 것은 주로 고린도인들이 그들의 파벌 다툼에서나 벌였던 일이다. 한쪽은 바울을, 다른 한쪽은 아볼로를, 또 다른 한쪽은 게바를 자랑하였다. 이것은, C.K.배렛(C.K.Barrett)에 따르면, 기독교인들과 지도자들 사이의 관계를 오해한 것이다. 그것은 진리를 역행한 것이다.[8]

기독교인들은 그들의 지도자들(혹은 그들의 파벌, 신학, 정치)에 속해 있지 않다. 이런 저런 모든 것들이 기독교인들에게 속해 있다. 정말로 세상, 삶, 죽음, 현재의 일들 그리고 장래의 일들 모두 기독교인들에게 속해 있다. 그리고 기독교인들은 그리스도에 속해 있다(고전 3:21 b~23).

그렇다면 바울, 아볼로 그리고 게바에 관한 것은 무엇인가? 내가 가장 좋아하는 신학자 혹은 내 특별한 사회적인 논점은 어떤가? 그들이 중요하게 남아 있지만 어떤 지도자나 이념도 하나님의 사람들 위에 주인이 될 수는 없다. 어떤 사람이나 관점도 하나님의 백성이 절하는 자 앞에 주인이 될 수 없다. 모든 것은 근본, 즉 예수 그리스도와의 관계를 평가한 것에 있다.

이 교훈을 잊을 때, 우리는 곤경에 처하게 된다. 톰 롱(Tom Long)은 이러한 목적에서 생겨나는 힘의 상실이 교단들에게 심각한 충격을 주었다고 주장한다. 그는 오늘날 미국의 많은 교단들이 "명백히 어떤 일이 일어나리라고 기대하지 않기 때문에 논쟁거리를 놓고 서로 격렬하게 싸운다. 우리는 종말론을 갖고 있지 않다. 희망도 없다."고 한다는 것이다. 그는 계속해서 우리가 남긴 것은 제도라면서 "그리고 당신이 가진 것이 제도뿐일 때 … 당신은 신학적 경제적으로 폭력이라는 힘을 행사하여 권력을 나누기 시작한다."고 말한다.[9]

우리는 우리 자신을 가난한 자들, 방황하는 자들, 소외된 자들, 상처받기 쉬운 자들과 그리고 그들의 절망에 대해 의미와 희망을 찾는 사람들 가운데서 일하는 종교 지도자로 세우기보다는, 자신을 엘리트들의 문화 전쟁통 한가운데 위치해 두었다. 피터 시미센(Peter Shmiechen)이 말한 대로 이러한 전쟁에서 교회는 단지 "이념적인 갈등의 또 다른 팔"일 뿐이다.[10]

그래서 교회는 현실적인 메시지를 가지고 있지 않다. 복음의 메시지는 논쟁의 메시지가 아니다. 하나님의 선포자들은 이 시대의 논쟁자들이 아니다. 그 대신 기독교의 메시지는 "가서 그리고 말하는" 메시지다. 예수께서 제자들에게 말하였다: "너희는 가서 보고 들은 것을 요한에게 알리라: 맹인이 시력을 회복하고, 걷지 못하던 사람이 걸으며 나병환자가 깨끗함을 받으며 귀먹은 사람이 들으며 죽은 자가 살아나며 가난한 자에게 좋은 소식이 전달되었다."(눅 7:22)

우리는 "세상 죄를 지고 가는 하나님의 양을 보라"고 선포해야 할 바로 그때에 선포 대신 논쟁하기를 원한다. "죄가 만연한 곳에, 은혜가 더욱더 만연되었다."라고 말해야 할 바로 그때에, 우리는 정죄하기를 원한다.

오늘날 새로운 근본주의가 있다. 그것은 모든 교회, 모든 교단 그리고 모든 신학교에 있다. 어떤 사람들은 이러한 새로운 근본주의를 교리 주변에 세웠다. 다른 사람들에게 그것은 도덕적 행동의 근본주의다. 또 다른 사람들에게 근본주의는 사회적 지위에 집중된다. 이 모든 확실성 안에서 -교리가 아무리 진실할지라도, 우리의 도덕적 행동이 흠이 없다 할지라도, 또는 사회 원칙들이 아무리 순수해도- 우리는 인간의 한계에 대한 하나님의 심판과 용서뿐만 아니라 하나님의 은총과 사랑이 필요하다는 현실을 잃어버린다.

바울이 그리스도와 십자가의 탁월함을 일깨워 주면서 다음과 같이 말한다. "십자가의 도가 멸망하는 자들에게는 미련한 것이요, 그러나 구원을 받는 우리에게는 하나님의 능력이라(고전 1:18)." 예수그리스도의 탁월함에 관해 보다 더 확실한 단언이 필요하다면, 거기에는 우리가 모두 구원받았음을 아는 데서 오는 더욱더 낮아지는 겸손도 필요하다.

이를 오늘날 교회의 삶과 어떻게 연관 지어 생각할 것인가? 우리의 지혜와 통찰력이 중요하지만, 그러나 충분하지는 않다. 예배를 드릴 때 단어들을 정확하게 발음하는 것은 잘못 소리를 내는 것보다 중요하다. 일

년 중 계절에 맞게 찬송을 부르는 것이 그러지 않는 것보다 낫다. 배타적인 언어를 쓰는 것보다 포용하는 언어를 사용하는 것이 더 좋다. 성서를 격식 없이 임의로 해석하는 것보다 주의해서 해석하는 것이 좋다. 우리의 신학이 일관되지 않은 것보다 일관된 것이 더 낫다. 그러나 우리가 세상 사람들의 삶에 대한 하나님의 사랑의 대리인들이 아니었다면, 오늘날 세상 속에서 많은 사람들은 대부분 신학적, 예전학적, 그리고 사회적인 문제에 관하여 관심하지 않을 것이다. 그들은 그리스도를 통한 죄의 용서를 경험하였는가? 다른 사람들과 화해하고 있는가? 그들은 하나님의 강력한 능력과 연결되어 있는가? 그들은 예수 그리스도에게 생명을 드렸는가?

우리가 무엇이 근본적인 것인가를 잊을 때, 종교 지도자들은 에스겔 34장에서 묘사된 잘못된 목자들, 즉 양들이 아니라 자신들만 살찌우는 잘못된 목자들처럼 된다. "너희가 살진 양을 잡아 그 기름을 먹으며 그 털을 입되 양 떼는 먹이지 아니하는도다. 너희가 그 연약한 자를 강하게 아니하며 병든 자를 고치지 아니하며 상한 자를 싸매 주지 아니하며 쫓기는 자를 돌아오게 하지 아니하며 잃어버린 자를 찾지 아니하고 다만 포악으로 그것들을 다스렸도다(3~4)." 양들은 진실한 목자가 없어서 흩어져 버렸다.

하나님의 지도자들은 지혜를 추구한다. 그들은 항상 통찰력을 얻기 위해 기도한다. 그들은 그 여정을 위해 힘을 키운다. 그들은 연구한다. 그들은 그들의 교리와 삶들 그리고 사회적 위임에 진실하기 위해 노력한다. 그러나 하나님의 진실한 지도자들은, 지도자들이 모든 하나님의 사람들을 위한 좋은 목자들이 아니라면, 이 모든 것은 단지 어리석음이라는 것을 알고 있다.

좋은 목자는 잃어버린 양을 찾고, 길 잃은 양을 데려오고, 상처 입은 양을 싸매 주고, 병든 양을 강하게 하는 사람이다. (겔 34:16)

그리고 만약 성공까지 한다면? 만약 교회좌석이 꽉 차고, 눈먼 자가 보고, 걷지 못하는 자가 걷고, 미워하는 사람들이 사랑하게 되고, 전쟁을 일으키는 사람들이 평화를 추구하는 사람들이 된다 해도, 하나님의 지도자들은 결코 자기 스스로를 자랑하지 않는다. 그들은 바울의 충고를 마음에 둔다. "자랑하는 자는 주 안에서 자랑하라."(고전 1:31)

감리교 운동의 역사를 이해하는 데는 여러 경로가 있다. 어떤 사람들은 주요 지도자들의 인격에 초점을 두는 반면, 다른 이들은 결정적인 역사적 사건과 전환점들을 지적한다. 또 다른 이들은 정치 체제를 강조하고 특히 초기 미국 감리교에 나타난 순회하는 '보내는' 사역의 영향을 강조하기도 한다. 감리교를 이해하기 위해 들여다 볼 수 있는 많은 합리적인 창들이 있지만, 그들 모두에게 의미를 주는 차원은 웨슬리안 운동의 메시지뿐이다.

알베르트 아우틀러는 웨슬리안 부흥의 초기부터 매우 중요시 했던 것을 우리에게 상기시킨다: "웨슬리의 메시지는 … 그의 말씨보다도 더 중요하였다." 그는 주장하기를 웨슬리 설교에는 "다만 잠깐씩 달변의 기술이 있었을 뿐이다."라고 주장한다. "웨슬리의 메시지는 웨슬리의 매개체다."11)

제임스 로건(James Logan)은 웨슬리의 인격과 조직 능력이 웨슬리안 부흥에서 중요한 요소였음을 인정한다. 그러나 그는 "부흥의 거대한 힘은 태생적으로 그의 메시지 안에 들어 있었으며, 무엇보다도 그 메시지가 증인으로 만든 사람 안에 있었다."고 주장한다. 웨슬리안의 메시지는 항상 열쇠였다. "사람은 보편적 은총의 메시지의 강력한 힘을 과소평가할 수 없다."고 로건은 말한다. 웨슬리안의 메시지가 "평범한 사람들을 위한 평범한 진리"였기는 하지만, 그렇다고 단순한 메시지는 아니었다. 웨슬리안의 "복음에 대한 증인은 신의 은총의 다듬어지지 않은 메시지였다."12)

　1784년 볼티모어에서 열린 크리스마스 회의에서 제기한 첫 번째 질문은 "우리는 무엇 때문에 여기에 있는가?"였다. 전문적인 용어로 말하자면 "감리교인들이라고 부르는 설교가를 양육할 때, 우리가 하나님의 계획이라고 합리적으로 믿는 것은 무엇인가?"이다. 그들의 대답은 "대륙을 개혁하고 성서적인 거룩함을 온 땅에 퍼뜨리기 위하여"이다.

　그 당시 분명하고 일반적으로 공유된 중심이 있었음을 말하기 위해 과거를 지나치게 단순화하거나 낭만적으로 묘사할 필요는 없다; 그들은 아마도 가장 간결한 표현으로 "영혼을 구하는 것"이라고 말할 것이다.

　존 웨슬리는 예수 그리스도에게서 계시된 하나님의 사랑을 모든 인류가 알게 되기를 몹시 바랐다. 이것은 그에게 가장 앞선 열정이었다. 그것은 그의 주요한 관심이었다. 그것은 그의 평생 작업의 중심이었다. 이러한 기본이 되는 비전을 떠나서는 웨슬리나 초기 감리교를 이해할 길이 없다.

　필립스 브룩스(Philips Brooks)는 몇 년 전 예일 신학교 학생들을 대상으로 한 라이맨 비처 강의(Lyman Beecher Lectures)에서 이러한 웨슬리 영성을 반영하였다. 그는 강권하였다: "교리를 설교하라. 당신이 알고 있는 모든 교리를 설교하라, 그리고 영원히 더욱더 많은 것을 배워라; 그러나 그것을 설교하되, (사람들에게) 교리를 믿게 하기 위해서가 아니라 (사람들이) 그것을 믿음을 인하여 구원받게 하기 위해서 설교하라."

　이는 현재 우리가 존재 이유를 잃어버렸음을 드러내는 유력한 사례다. 과거의 언어나 이해 또는 개념들을 흉내 내는 것에 관하여 이야기하는 것이 아니다. 그보다는 오히려 우리에게는 감리교인들이라 불리는 사람들이 된다는 것이 의미하는 것과 교회들이 존재하는 이유에 관한 핵심에서부터 나오는 공유된 비전이 없다는 것이다.

　발터 브루지만이 상기시켰듯이, 복된 소식은 "잊어버리는 사람들이 기억하는 사람들이 될 수 있고… 복음주의는 단순히 외부인들을 내부인들로 만드는 과제가 아니라, 내부인들을 기억상실로부터 불러들이는 일이다.” ‘모든 진지한 선교 에너지’ 의 결핍을 설명하는 것은 바로 이러한 건망증인데, 이것이 “우리에게 엄청나게 있다.”는 것이다. 그것은 단지 기이한 기억일 뿐인데 “사회적 행동을 위해서는 에너지를 공급하고, 경영에는 관대함을, 예배에는 자유를, 외부인들을 돌보는 일에는 용기를 그리고 하나님의 약속에 대하여는 열정을 준다.”13)

브루지만은 “ ‘복음’ 이라는 명사는 ‘메시지’ 를 의미하는데, 그것은 성경에서 ‘소식을 전하다’ 라는 동사와 연관되어 있다. … 복음주의 활동의 한가운데에 메시지가 들려온다. … 곤혹스러워진 진보주의자를 포함하여 그 누구도, 복음주의의 핵심에 있는 치우치고, 단호한 주장을 피하기란 불가능하다.”라고 말한다.14)

웨슬리가 인정한 방식대로, 공고의 행위는 진지한 주의가 필요한 상황에서 생긴다는 것을 브루지만은 우리에게 일깨워 준다. “그. 어떤 보수적인 환원주의자도 단지 ‘이름을 부르는 것’ 처럼 복음주의를 충실하게 다룰 수는 없다.” 선포한 대로 따르는 것은 “그 선포된 결정의 요구에 따라서 모든 삶을 재정리하는, 어렵고 매우 절실한 일”이다.15)

어떤 이들은 초기 미국 감리교 비전과 비슷하게 공유된 비전은 오늘날 모든 다양성 때문에 현대 미국 감리교회에서는 불가능하다고 주장할 것이다. 만일 그러한 경우라면, 그렇지 않기를 바라지만, 그렇다면 교회에 대한 전망은 밝지가 못하다. 갱신된 공통의 비전이 부실하여, 조직이 허우적거리고 쇠퇴하거나 또는 더욱 집중된 본질들이 더 작은 수로 나뉘는 경향이 있다. 둘 중 어떤 선택도 웨슬리안 유산의 최상의 것을 나타내지 않는다.

분열하는 차이들의 그 어떤 것보다도 더 강한 공통적이고, 하나 되고 공유하는 비전이 없다면 그 어떤 조직도 절대로 강해질 수 없다. 그러한 까닭에 우리는 항상 중심에 있는, 다른 모든 것을 안내하고 우리가 하는 모든 일에 의미와 방향을 제시해 주는 일을 추구해야 한다. 조직하는 기억의 상실 중에 커다란 부분은 우리의 존재 이유를 잊어버리는 것을 포함한다. 마르다에게 하신 예수의 말씀은 근심하는 우리의 마음에 하신 말씀이다. "네가 많은 일로 염려하고 근심하나 몇 가지만 하든지 혹은 한 가지만이라도 족하니라."(눅 10:41~42 NEB)

우리를 미래로 안내할 한 가지 일을 추구하는 데서, 우리는 웨슬리안 유산을 개선하도록 부름 받는다. 우리는 웨슬리의 첫째 임무가 항상 복음주의였음을 기억해야 한다.

몇 년 전 조지아 하크니스(Georgia Harkness)는 모든 면에서 매우 현대적으로 보이는 방법으로 교회의 딜레마와 희망을 모두 반영하였다. 그녀는 "우리 교회를 괴롭히는 것은 무엇인가?"라고 물었다. "충분하지 않은 교인수, 건강치 못한 분열들, 빈약한 재정 지원, 비예언자적 리더십, 무기력한 성도들 – 이 모든 것과 그리고 병든 징후들이 더 많이 발견되었다. 그러나 이것들의 모든 뿌리에는 교회가 존재하기 위한 복음의 선포가 우리 시대에서 무력해졌다는 사실이 박혀 있다."[16]

하크니스가 능력 있는 복음의 상호 소통은 "하나님 아래에서 누구나 수행할 수 있는 가장 중요한 사역"이라고 한 것은 옳다.[17] 오늘날 우리가 하는 많은 논쟁들은 이전에 사라져 간 웨슬리안 전통에 있었던 사람들에게는 이상하게 보일 것이다. 그들은 개인 신앙 대 사회 복음에 관한 이런 논쟁들을 인정할 수는 있지만, 그것을 이해하기는 어려울 것이다. 그러나 그들이 이해하기 더욱 어려운 것은 신앙 공동체 외부에 있는 사람들과 복된 소식을 공유하라는 복음주의적 소명의 우선권에 대한 질문이다. 그들이 이해하는 것이 불가능한 것은 모든 교회를 위한 우선권과 교회 안에 있는 모든 지도자들에 대한 우선권으로서의 복음주의에 관한 질문일 것이다.

평생 교육의 일환으로 생겨난 사건은 그리스도를 선포하는 우리의 우선적 메시지를 기억해야 할 필요성을 강조하였다. 아이오와 주에 있는 연합감리교회 빌 코튼(Bill Cotton) 목사는 대부분 성직자로 구성된 그룹을 대상으로 열린 강좌를 실시하였다. 그는 교회가 인간의 삶과 공동체를 지배하는 주권들과 능력들을 차지하도록 소명을 심어 주었다. 동시에 그는 그들의 담장 너머에 있는 사람들과 복된 소식을 공유함으로써 '성장하는 교회들'을 이끌고 있는 목사들을 방문하였다. 질의 시간에 누군가 말하였다. "당신이 성장하는 교회들에 대하여 말하는 것은 그 옛날 숫자 게임으로 되돌리려는 것은 아닙니까?" 빌은 그러한 불신에 놀란 듯하였다. "나는 이렇게 하도록 부름 받은 것 이외의 다른 걸로 누군가를 주님의 테이블로 초대하는 것을 생각해 본 적이 없습니다."라고 대답하였다.

어떤 사람들은 숫자는 중요하지 않다고 말한다. 숫자가 우리에게 크게 문제될 사항을 다루는 것이 아니라면 우리에게 숫자는 중요하지 않다. 문제가 된 논쟁이 중요해지면, 우리에게 숫자는 중요하다. 당신은 절실한 논쟁이 벌어지고 있는 모임에 한번이라도 참석해 봤는가? 매년 그리고 십 년마다 한 번씩 비교된 숫자들과 비율들은 세심한 관심을 기울이게 만든다. 그러한 배경에서 생각한다면 숫자들에 대한 이러한 신중한 관심을 문제시하는 것은 옳지 않다. 그러므로 초점을 목적이나 질 또는 어떤 다른 비객관적인 범주에 맞추어야 한다고 말하는 것은 적절하지 않다. 그와 같은 논점은 보통 다음과 같은 반응을 이끌어 낼 것이다. "의도와 영향에는 차이가 있기 때문에 우리는 숫자들을 살펴 볼 필요가 있다." 그리고 그들이 숫자를 모니터하는 것은 잘하는 일이다.

그런데 어떤 사람이 신앙고백을 통해 교회 구성원으로 받아들이는 것을 논하는 또 다른 모임에 들어간다. 그런 배경에서 많은 사람들이 진지하게 숫자에 관하여 말하는 것에 제한이 없다. 두 모임에서 숫자들 사이의 유일한 차이는 후자의 경우, 그 숫자들이 "그렇습니다. 나는 신앙의 순례를 시작하고 싶어요. 예. 나는 예수 그리스도를 믿습니다."라고 말한 사람들을 언급하는 것이다.

우리는 에베소서의 말씀들을 되새길 필요가 있다, 나는 "하나님의 은혜로 사역자가 되었다." 나는 "… 측량할 수 없는 그리스도의 풍성함의 복된 소식을 … 선포하는 특권을 … 부여 받았다(엡 3:7~8 NEB)." 이 구절에 대한 또 다른 번역은 이러한 풍싱힘이 얼마나 소중한지를 말한다: "찾아낼 수 없는 풍성함, 헤아릴 수 없는 풍성함, 고갈하지 않는 부(富), 측량할 없는 부." 이것을 "복된 소식"이라고 말하는 것보다 더 좋은 방법은 없다.

리앤더 켁에 따르면, "복음이 중요하다는 확신, 개인의 하나님과의 관계에 대한 열정적인 관심"이 두 가지 모두를 회복하는 것은 이미 주요 기성 교회들에 속한 유산을 개선하는 것 이외의 다른 어떤 방법도 없다. 그가 말하길 "만약 그러한 일이 일어난다면 … 이러한 교회들은 다시 한 번 확신을 가지고 복음을 전할 수 있다." 하였다. 그리고 갈급하고 마음이 복잡한 사람들은 다시 설교단들에서 복된 소식을 듣게 될 것이다.[18]

그리스도 외에는 그 누구도 없다

윌리엄 B. 맥클레인은 헨리 에번스(Henry Evans)를 "초기 감리교회 설교가들 가운데 위대한 사람이었다."라고 말한다. 아프리카 미국인인 에번스는 젊은 시절 회심 후, 1700년대 말기와 1800년대 초기 동안 남부에서 감리교 순회 설교가로 사역하였다. 그는 매우 타고난 재능을 가진 사람으로, 또 유능한 설교가로서 알려졌으며 백인들과 흑인들을 모두 섬긴 목사였다. 여러 교회들이 그를 개척자로 여겼다.

1810년 에번스는 목회를 처음 시작하였던 교회 – 설교단 쪽에 붙은 방에서 생활 – 에서 마지막으로 설교를 하였다. 당시 목사였고 후에 남부 연회에서 감독으로 선출된 어느 백인 설교가가 그 날의 상황을 설명하였다:

그의 초라한 다락방과 내가 서 있었던 설교단 사이의 작은 문이 열리니, 쇠약한 한 남자가 사람들에게 마지막 작별인사를 하기 위해 들어왔다. 그는 너무도 허약하여 서 있을 수조차 없었지만 설교단 난간에 기댄 채 이렇게 말하였다: "나는 당신들에게 마지막 말을 하기 위해 왔다. 그것이 이것인데: 그리스도 외에는 그 누구도…"19)

제 12 장

정의를 추구하다

성경적인 면에서

정의에 대한 웨슬리안의 열정은 직접적으로 성경 속의 증인에게서 나온다.

히브리인들의 역사에서 가장 중요한 만남은 모세를 향한 하나님의 부르심이었을 것이다. 우리는 그 이야기를 잘 안다. 모세는 하나님이 현존하시는 거룩함을 경험한다. 그래서 모세가 이러한 종교적 경험의 영적인 불길 안에서 은혜 입을 준비가 되었을 때, 하나님은 사역을 위하여 그를 부르셨다. 그는 통치자에게 나아가야 하였고 그리고 더 나은 보수와 개선된 작업 환경들, 정당한 고용 정책과 그리고 가장 중요한, 억압받는 백성들의 해방을 위하여 로비를 해야 했다.

모세는 이것이 종교와 어떤 관계가 있다고 생각하지 않았기에, 그래서 그는 하나님과 다섯 차례나 논쟁하면서 적극적으로 항의하였다. 그러나 구원 역사에 관한 이야기에서 전환점이 된 것은 바로 그가 이 사명을 받아들였다는 것이다.

모세는 바로에게 가서 "내 백성들을 해방하라."고 선포하였다. 바로는 모세가 정치에 개입하지 말아야 한다고 느꼈다.

후에 예언자들이 나타났다. 거짓 예언자들과 참 예언자를 구별해야 하는 일이 빈번하게 생겼다. 거짓 선지자들은 있는 그대로의 현재를 축복하고 통치자들이 듣고 싶어 하는 것을 말한다. 참 예언자들은 "그러므로 주께서 이르시되"라는 말로 문화적이고 사회적인 가설들에 도전한다.

아모스가 좋은 예다. 이 시골 설교자는 도시에서 놀라운 일들을 많이 보았다. 그는 부산한 경제 상황을 보았다. 또 기껏해야 신발 한 켤레 값 정도도 못되는 빚 때문에 채무자들의 감옥에 갇힌 사람들을 보았다. 글을 읽고 쓸 줄 모르는 자들을 속이는 사업가들을 보았다. 그는 지방 법원에서 '최고 법정'까지 모든 재판 제도가 부패하였다는 것을 깨달았다. 그는 종교가 백성보다는 지도자들을 위하여 더 많이 사용되는 것을 보았다.

그러고 나서 그는 사람들로 가득한 대표적인 예배당의 예배에 참여하였다. 아모스는 설교를 위하여 회중 앞에 서 있었다. 그것은 그들의 숫자적인 성공을 축하하는 설교가 아니었다. 아모스는 하나님으로부터 말씀을 받았다. 하나님은 모든 외적으로 드러난 행위들을 싫어하신다고 말하였다. "하나님께서 완전한 정의를 요구하시면 너희들은 종교적이 되도록 노력해야 한다."는 것이 메시지였다. 너희들이 순리대로 너희의 정치적, 사회적 그리고 경제적인 것을 얻으려는 것을 제외하고는 하나님은 모든 것을 싫어하시고 "오직 정의를 물 같이, 공의를 마르지 않는 강 같이 흐르게(암 5:24)" 하신다는 것이었다.

가장 위대한 성경의 증거는 예수 안에서 나타난다. 처음부터 제도적이고 부정의한 정치적 질서들에 대해 위협적 이었다. 예수가 출생하자 즉시 그를 죽이려고 한 것은 바로 정치가였다. 결국 그를 십자가에서 처형하는 데 성공한 이들도 정치가들이었다. 예수는 들판의 백합화와 공중의 새에 대해 말하였기 때문에 죽은 것이 아니다. 그는 시장에 있는 도둑들과 공회당의 악당들 그리고 전적인 충성을 원하는 하나님에 관해 말하였기 때문에 십자가에 처형되었다.

역사적인 면에서

초기부터 기독교인들의 교회는 개인 구원뿐만 아니라 사회 구원도 함께 포함해 왔다. 초기 기독교인들은 유아살해와 피비린내 나는 검투사의 결투 그리고 인간 노예제도의 사회악에 대항하여 싸웠다. 역사를 통하여 네로부터 히틀러 그리고 현대의 독재자들에 이르는 모든 폭군들은 제일 먼저 기독교인의 교회를 침묵시키기 위해 힘썼다.

역사적으로 교회들 사이의 차이는, 일부 교회들은 사회·정치적 논쟁들에 자발적으로 관여하고 또 다른 교회들은 그렇지 않았다는 것이 아니다. 그 차이는 오히려 그들이 다루기로 선택한 논쟁들의 다양성이다. 흥미롭게도 '정치 밖에 머무를 것'을 주장하는 어떤 교회들은 그들의 특별한 논쟁들이 생길 때마다 제일 먼저 그것들과 정치적으로 관계되어 있다는 것이다. 심지어 사회에서 물러나 있는 것처럼 (예를 들면, 투표하지 않는 것) 보이는 교회들도 그 행위 자체로 중요한 정치적 증언들을 만든다. 그들은 그들의 부적절하고 제한적인 모든 것으로 현재의 상태를 유지하는 데 강력한 지지를 보내고 있다.

웨슬리안의 구체적인 예

존 웨슬리는 신앙과 행동이 분명하게 일치한 사람이다. 그는 "그리스도의 복음은 종교에 관한 지식이 아니라 사회에 관한 지식이다."라고 하였고, "거룩함이 아닌 사회적 거룩함"의 지식이라 하였다.[1] 웨슬리안의 부흥은 개인의 변화와 사회의 변화-그리고 둘이 함께하는 변화를 촉진하였다. 웨슬리안 운동은 개인적이고 사회적인 거룩함을 일관되게 유지하였다.

영국인의 생활에 혁명적인 변화들이 이러한 하나님의 운동에서 생겨났다. 케네스 E. 볼딩(Kenneth E. Boulding)은 "노예를 해방하거나 공장법을 통과시킨 것은 경제학자들이 아니라 성급하고 무식한 기독교인들이었다."고 말하였다. 윌버포스(Wilberforce)가 영국 사회에서 "예절과 도덕혁명"이라고 불렀던 웨슬리안 운동은 영국에 중대한 역할을 한 강력한 사회적 정치적 세력을 창조하였다.[2]

웨슬리 운동은 개인의 종교 경험을 강조한 첫 종교적 부흥이었다. 그러나 이 운동은 시작부터 사회 개혁을 위한 회개를 포함해서 진지한 관심을 받았다.

실제로 웨슬리안 전통을 공유하는 모든 교파들은 사회적 정의에 대한 이러한 웨슬리안의 열정을 많든지 적든지 공유하였다. 실제로 교회 분리의 숫자는 정의의 논쟁들과 관계되어 왔고, 특별하게 교회가 웨슬리안의 증거를 불의와 동화하려는 것 같을 때 더욱 그러하였다. 역사는 빛나는 시대에서조차 우리 모두에게 겸손을 가르쳐준다. 웨슬리안 증인의 어떤 교파도 정의에 대해 독점권을 가진 적이 없다. 어떠한 경우이든 역사는 우리가 서로에게 얼마나 많이 배워야 하는가를 보여 준다. 의로운 자신감은 우리 자신이 불의에 물들지 않도록 돕는다.

우리는 초기 감리교인들의 관심의 범위를 보기 위하여 그들이 영국에서 가난, 노예제도, 술, 교육, 감옥과 관련되었음을 봐야 한다. 미국에서 개인과 사회의 연결은 1784년 크리스마스 회의처럼 일찍부터 생겼다. 이러한 조직적인 회의의 구체적인 행동의 하나로서 노예제도 폐지를 요구한 것이다.

리더십과 인종주의 – 혼합된 역사

오늘날 리더십의 어떠한 지식도 인종 문제를 피할 수는 없다. 정의에 대한 웨슬리안의 열정은 리더십의 위임 명령인 인종의 정의에 관해서는 매우 복잡한 역사와 결부되어 있다.

우리가 보았듯이, 아프리카 미국인들은 아주 초창기부터 미국 내 감리교 운동의 한 부분이었다. 어떠한 시기에도 미국 웨슬리안 증인의 드라마에서 아프리카 미국인들이 없었던 때는 없었다. 그들의 존재에 대한 감리교 구성원의 대다수의 반응은 기껏해야 혼합된 역사라는 것이다. "메릴랜드, 프레드릭 카운티의 샘스 크릭(Sam's Creek)에 처음으로 조직한 감리교 신도회와 함께 시작하고" "연합감리교회의 지난 총회를 통하여 계속되는 것은 모두에게 너무나 친숙한 질문: '우리가 흑인들과 함께 무엇을 해야 하지?' 였다"라고 윌리엄 B. 맥클레인은 말한다.[3]

미국 감리교를 조직하는 회의에서는 노예제도 시행을 비난하였다. 당시 그 행동은 대담하고 예언자적이었다. 이 회의에서 노예무역에 가담하는 사람은 누구든지 제명할 것을 요구하였다. 그러나 1년 안에 이 강한 입장은 타협을 통하여 약화되기 시작하였다. 1785년 토마스 코크(Thomas

Coke)는 “그 엄청난 반대의 경제적 근거가 너무나 초보적인 우리 사역을 궁지로 몰 수 있는 상황이므로” 물러서는 정책을 옹호하였다. 1800년대 초까지 감리교는 노예제도에 대해 명목상으로 공식적인 비난을 하면서 대체로 타협하였다. 맥클레인은 “도덕적 문제에 관한 타협의 문이 열렸고 그리고 그날부터 지금까지 단단하게 그리고 영원히 닫히지 않았다.”라고 말한다.[4]

감리교인들은 점차적으로 인종주의처럼 죄에 대한 보다 조직적인 표현들을 제외하고는, 죄를 개인적인 것으로 보았다. 개인의 도덕적 책임과 공동의 도덕성을 함께 결합하려는 관심을 일으키기 위해 용감하게 노력하는 사람들도 있었다. 웨슬리안 감리교회의 형성을 이끌었던 운동은 감리교인들의 노예제도 타협에 반대하는 저항에서 생겨났다. 반대만 한 것이 아니라, 웨슬리안 감리교인들은 “경건과 급진주의”를 연결하기 위해 끝까지 노력하였다.[5]

아프리카 미국인들의 배제와 학대는 아프리카 감리교회(The African Methodist Episcopal Church)를 형성하였고, 아프리카 감리교회 이후에, 시온(Zion) 그리고 기독교 감리교회(the Christian Methodist Episcopal Church)를 이끌었다. 19세기 미국을 나누었던 노예제도 논쟁은 감리교 역시 북감리교회와 남감리교회로 나뉘게 하였다. 1939년의 재결합은 아프리카 미국인이 인종차별이 있는 중앙집권적인 관할권을 제정함으로써 그 대가를 크게 치러야 하였다. “총회에 파견한 아프리카계 미국인 47명 중” 그 해에 “36명이 결합 계획에 대해 반대투표를 하였고, 11명이 기권하였다. … 총회에서 ‘우리는 시온으로 전진한다’ 는 노래를 부르려고 일어났을 때, 아프리카계 미국인 대표자는 그대로 자리에 앉아 있었다. 그리고 그들 중 몇몇은 눈물을 흘렸다.”[6] 중앙집권적인 관할권은 약 30년 동안 지속되었다.

분명히 인종은 "감리교에 대한 가장 근본적인 도전 중 하나였다." 도날드 데이턴에 따르면, 그것은 감리교가 시험에 '전반적으로' 실패한 도전이다.[7]

시험에 실패한 교회와 사회

불행하게도 감리교는 정의에 대한 도전을 언급해 온 이러한 방식에서 혼자가 아니다. 1901년 W. E. B.두바이오스(W. E. B. DuBios)는 20세기의 문제는 칼라 라인(흑백의 선)의 문제라는 글을 썼다. 그가 한 말은 굉장히 예언적이다. 21세기의 마지막에도 여전히 미국의 심장을 뚫고 질주하는 칼라 라인이 있다.

이러한 현실에도 불구하고, 한 세기가 지나 인종주의를 극복하였다는 아직 이른 승전식이 있었다. 거기에는 몇 가지 과정에서 생겨난 참된 희망이 있다. 그러한 성공들은 낙관주의를 이끈다. 그러나 아직도 우리 문화 속에 인종주의라는 고질적인 죄악의 본질이 있는 것이 우리가 살고 있는 일상의 현실이다. 1992년 글로리아 야마토(Gloria Yamato)는 그것을 이렇게 말하였다:

인종주의는 바이러스처럼 박멸하기가 어렵다. 왜냐하면 당신이 치료할 수 있을 때쯤이면, "새로운 치료에 저항하는" 형태로 변화하기 때문이다. 일격에 그것을 잡지 못할 것이다. 인종주의는 여러 각도에서 공격해야만 한다.[8]

미국과 세계 곳곳에서 일어나는 사건들은 인종주의가 여전히 교회와 사회의 지도자로 살려는 우리를 압박하는 도전이 됨을 보여준다. 인종주의는 현실이고 살아 있으며, 그리고 우리 중 그 누구도 이러한 현실을 부인하거나 또 그것의 교활한 힘에서 제외될 것을 요청할 수도 없다

몇 년 전 미 연합감리교회 교인들은 "하나님께서 절실하게 교회가 설교하기를 원하시는 것은 무엇일까?"에 대한 설문 조사에 응답하였다. 또 다른 질문은 각각의 문제들을 다루는 데 결과에 대해 어느 정도 낙관적인가에 관한 것이었다. 설문 조사의 주요 논쟁은 인종주의였다. 95%가 백인인 교파에게서 나온 결과라는 점이 중요하다. 똑같이 중요하고 그리고 더 많이 불안하게 하는 조사결과도 있었다. 사람들이 인종주의는 주의가 필요하다는 이유로 가장 높은 점수를 주었지만, 그것을 해결하는 데 있어서 성공 가능성에 관하여는 가장 낮은 점수를 주었다.

미국 공교육에 관해 조나단 코졸(Jonathan Kozol)의 불온서적, 「잔인한 편견(Savage Inequlities)」에서 우리는 위기와 절망의 사이에 있는 이러한 태도가 반영되어 있음을 본다. 그는 뉴욕 시에 있는 한 학교의 관리자에게 흑인 아이와 백인 아이가 같이 학교에 다닐 수 있다고 생각하는지 물었다. 그 관리자는 대답하기를 "그런 일은 못 볼 것이다."라고 하였다. 그는 또 다른 학교에서 단지 한 명만 백인아이와 학교에 가 본 적이 있는 히스패닉 계와 아프리카계 미국인의 9학년 학급을 인터뷰하였다. 코졸은 그들에게 이 나라에서 모든 인종의 아이들이 함께 학교에 다니려면 얼마나 걸릴지 물어 보았다. 잠시 후 학생 지도자 중 하나가 "앞으로 200년 정도"라고 대답하였다. 나머지 학생들도 동의하였다.[9]

교회의 도전

우리가 만들어 온 정치적 사회적 과정이 무엇이든지 간에, 그것이 항

상 영적인 과정과 조화를 이뤄 온 것은 아니다. 10여 년 전 우디 화이트 (Woodie White) 감독은 세인트 폴 신학교 예배 설교에서 "우리가 인종차별주의 구조를 떼어내는 동안, 인종차별주의 정신을 떼어내지는 못하였다."라고 말하였다.

다르게 되리라고 바라는 것만큼, 교회가 인종주의라는 치명적인 "바이러스"에 면역되지 않았다. 인종주의적 사회 상황 이외에도 주요 교파의 많은 사람들은 다양성을 경험하지 못한 공동체와 조직들에서 온다. 우리 중 많은 사람들은 우리와 다른 사람들에 대한 경험이나 이해가 거의 없다. 몇 년 전 마틴 루터 킹 주니어 목사는 미국에서 주일 예배시간이 일주일 중 가장 인종차별이 심한 시간으로 남아 있음을 일깨웠다.

교회에서 인종주의가 우리가 인식하고 이해할 수 있는 것보다 더 깊은 영향을 미친다는 것을 인정해야 한다. 우리는 동기나 의도가 어쨌든지 간에 인종주의로 인한 말이나 행동 때문에 하나님의 자녀가 견뎌야 하는 상처에 대해 슬퍼해야 한다. 그러나 슬퍼하는 것만으로는 부족하다. 우리는 우리의 부족함을 인정하고 고백해야 한다. 또한 지도자들로서 행동지침을 세워야 한다. 단호한 행동만이 교회를 진정 호의적인 환경으로 만들 것이다. 교회는 모든 사람들에게 안전한 장소가 될 수 있다. 교회는 모든 사람이 그를 위해 그리스도가 죽으셨을 만큼 하나님의 소중하고 유일한 창조물로 존중 받는 장소가 될 수 있다.

기독교교회에 인종주의가 있을 곳은 없다. 그것은 하나님과 교회가 존재하는 모든 것에 반하는 죄이다. 그리스도 안에서 하나임을 이해하고 받아들일 수 있는 사람만이 매일 다양해지는 세상에서 그리스도를 위하는 믿을 만한 대사가 될 수 있다. 웨슬리안 영성의 리더십은 인종주의가 잘못된 것이라고 선언한다. 그리고 우리는 인종주의에 맞서서 그리고 그것을 끝내기 위해 끊임없이 노력해야 한다.

　우리 교회, 우리 공동체, 우리 관계, 모든 우리 인생과 사역에서 지도자로서 우리 모두는 스스로를 재헌신을 위해 부르심을 받았다. 그러한 재헌신은 우리 가운데 있는 인종주의를 제거하는 기념비적인 사역을 말하기 위해 필요하다.

　때로는 과제가 당황스러워 보인다. 그러나 그것의 중대함에도 불구하고 하나님은 교회를 통하여 이 세대가 신실함을 향하여 움직일 것을 요구하신다. 유일한 해결책은 없다. 많은 사람들이 리더십을 위한 다양한 노력에 참가하게 될 때, 거기에 진전이 생긴다. 정의에는 많은 접근이 필요하다는 킹의 가르침을 잘 기억하자 : "인종에 대한 정의(正義)의 길이 넓은 통로 하나라는 확신을 가지고 출발한 사람은 누구나 피할 수 없이 교통체증을 만들고 그 여행을 무한히 더 길게 할 것이다."10)

　앤드류 영(Andrew Young)은 킹과 함께 일하였고 후에 많은 고위 공직을 차지하였다. 그는 애틀랜타 시장이 되었으나, 그 후 조지아 지사에는 불운하게도 입후보하지 못하였다. 그가 지지자들과 마지막으로 만났을 때, 편견에 관하여 말하였는데, 그가 경험한 것은 인종적 편견만 아니라 여러 편견이었다. 그리고 나서 그는 우리를 더 나은 날로 이끌어 갈 사람들, 미래의 유망주인 아이들에 관하여 말하였다. 그가 연설을 마치고 걸어 나갈 때, 두 명의 어린 백인 소년들이 그에게 사인을 받기 위해 기다리고 있었다. 이들은 그가 내일의 희망, 젊은이라고 말하였던 아이들이었다. 이 광경을 지켜보던 한 목격자가 말하였다. "당신은 어쩔 수 없었지만, 우리가 젊었을 때 부모세대가 심어 주었던 신앙에 대해 우리는 실패하였기 때문에, 우리의 젊은이들에게 신앙을 심기 위해 얼마나 더 많은 세대를 지나야만 하는지 자신에게 묻지 않을 수 없다."

　웨슬리안 영성 안에서 지도자가 될 사람들은 모두 그리스도의 능력을 통하여 우리 시대에 치유와 화해를 알릴 의무가 있다.

"발할라 신드롬" 또는 전 세계적 비전

20세기 미국의 늘어나는 도시화와 다양성이 잠재적으로 파괴적인 반응을 보인다는 조짐이 있다. 조엘 코트킨은 도시들을 멀리하는 몇 몇의 운동은 도시 생활의 불협화음에 대한 반응이라고 확신한다. 그는 이것을 "발할라 신드롬(Valhalla Syndrome) 즉, 단순하고 복잡하지 않은 생활을 보상한다고 약속한 천국의 피난처에 대한 동경"이라고 부른다. 그는 발할라 신드롬의 영향이 아마 다음 세기에는 더 심해질 것이라고 예언한다. "남북전쟁을 일으킨 분열 이래로 보이지 않는 규모로 자라나는 발할라 오지와 세계적인 도시 사이의 인종적 문화적 틈을 확실하게 할 수 있었다."[11]

19세기 시골 남부와 북부 도시 사이에 일어난 분쟁처럼, 발할라의 비전과 전 세계적인 비전 사이에 일어나는 갈등은 21세기 미국을 형성할 것 같다. 결국 코트킨은 이러한 분쟁은 "사회가 새로운 세계 문화의 선구자가 되는 도전을 만나든지, 짐작하는 과거의 안락함 안에서 쇠퇴하는 다른 문명들처럼 멈추게 될지 결정해야 할 것이다."라고 경고한다.[12]

세계적 종족들

20세기는 엄청난 낙관주의와 함께 시작하였다. 이성이 보편화되었다. 새로운 세계 질서가 있을 수 있었다. 발전은 피할 수 없었다. 많은 사람들은 미국의 거대한 "도가니(melting pot) 효과"로 인종적, 민족적, 국가적, 종교적 근원의 힘이 약화될 것이라고 믿었다. 20세기 말에 반대되는 경우가 발견된다. 고착된 모든 유형에서 갱신의 관심이 있었다. 사회학자 해롤드 아이삭스(Harold Isaacs)가 말해 온 것처럼 "종족주의는 아직 사라지지 않았다".13)

몇몇 사람들에게 이 발전은 놀라움의 대상이었다. 그들은 이러한 새로운 종족주의의 유형을 과거에 파벌 싸움이라는 최악의 사례와 연관시킨다. 그것은 "파벌이라는 가장 기본적인 것으로 퇴보"하는 것처럼 보였다. 문화에 대한 이러한 중요성이 증가하면서 "편협하고 배타적이며 그리고 종종 적대적인 그룹으로 스스로를 부수는 인간성에 대한 기대를 종종 제안한다."14)

그러나 이 새로운 종족의 특징은 매우 다를 수 있다. 오늘날 코트킨이 "세계적 종족들"이라고 부른 사람들이 있다. 그들은 세계적으로 흩어진 민족의 그룹들로 형성된다. 그들은 "편협한 지방적인 것과 뚜렷하게 대조를 이룬 오늘날 본질적인 세계주의자들이다." 사람들이 더욱 분산되고 국가의 정체성들이 덜 강력해짐에 따라 국가와 시간을 가로질러 사람들을 함께 묶는 연결고리가 더욱 중요해질 것이다.15)

세계적 종족들은 공통적 기원에 대한 전통적인 종족의 표시를 낳고 가치들을 공유한다. 코트킨에 따르면, 이제 그러한 특징들은 "지리적 분산과 과학적 발전에 대한 믿음"과 연결되어 있다. 이러한 세계적 종족들은 차별적인 인종의 정체성에 관한 그들의 인식에 굴복하는 대신에, "성공적으로 변화에 맞춰 가기 위해 역사적으로 조절된 가치들과 믿음들을 사용한다."16)

따라서 교회 안에 있는 우리는 구별된 정체성과 문화를 인정하고 가치있는 새로운 방법들을 찾을 필요가 있다. 동시에 우리가 가진 다양성에 대하여 "정의를 실현하는 것"으로부터 생겨나는 새로운 일치를 발견해야 한다.

정의는 모든 웨슬리안에게 속한다

하이젠라터는 웨슬리가 높이 평가하고 다리 역할을 하려고 노력한 다양한 전통들 – "프랑스의 가톨릭 신비주의자들, 독일의 루터교인들, 영국의 칼뱅주의자들, 미국의 부흥운동가들, 그리고 스코틀랜드의 복음주의자들" – 을 꿰뚫는 하나의 공통된 요소를 발견하였다. 그 공통 주제는 "하나님의 창조물의 안녕을 위한 통전적인 관심 – 마음 육체 그리고 영혼"이다.[17]

라인홀드 니버(Reinhold Niebuhr)가 말한 다음의 글을 읽었을 때 웨슬리에 관한 그 진술을 기억하였다: "물려받은 교리와 개념들은 그들이 처한 상황에서 정의를 세우는 데 공헌하지 못한다면 아무리 존경할 만하거나 거룩해도 받아들이지 않을 것이다." 이 웨슬리안의 주제는 신학 교육에 관한 레베카 쇼프(Rebecca Chopp)의 책에도 되풀이되었다. 「구원 사역(Saving Work)」에서 그녀는 교회의 구성요소로서 정의는 오히려 사랑을 통하여 교회를 통하여 분배되는 것이라고 설명한다. 그녀는 어떤 의미에서, 정의는 "교회의 선교와 본질을 규정한다."고 주장한다.[18]

모든 사람의 "안녕을 위한 통전적 관심"에 대한 웨슬리의 진술은 오래 전에 처음 읽었던 글을 생각하게 하였다. 25년 전, 교회의 복음주의 갱신을 추구하는 연합 감리교인들의 전국 모임에 따라갔을 때, 신학교 교수 클라우드 H. 톰슨(Claude H. Thompson)은 복음주의 갱신에 대해 희망적인 소논문을 발표하였다. 그는 복음주의자 입장에서 썼다. 또 교회의 순수한 웨슬리안 복음주의 갱신에 대해 고양된 희망을 가진 사람으로서 썼다. 그는 복음주의 갱신이 현실이 된다면, 세 가지 논쟁에 관하여 명백해야 한다고 주장하였다. 톰슨에게 세 가지 논쟁은 다음과 같다: 전쟁과 가난 그리고 인종주의. 그의 세 가지 논쟁들은 오늘날 "핫 버튼(hot button: 긴급을 요하는 - 역자 주)" 이슈는 아니다. 그것들은 정의를 향한 기독교인과 웨슬리안의 열정적인 심장을 찌르는 논쟁이다.

톰슨은 "지금 연합감리교회 복음주의자들이 우리 사회로부터 이러한 악을 제거하여 정복하도록 부름을 받은 시간이다."라고 선언하였다. "그리고 프랜시스 애즈베리를 통해 미국이라는 새 공화국 여기저기를 돌진하고, 존 웨슬리를 통해 대영제국 전체에 걸쳐 추진하게 하였던 것과 똑같은 동기들로 그러한 역동적인 유산들을 소유해야만 한다."[19]

지난 25년 동안 우리의 이념적인 논쟁들이 모든 사람들의 마음과 육체 그리고 영혼을 위한 웨슬리안의 관심으로 지배되었다면 얼마나 달라졌었을까? 진지하게 생각해 보라. 웨슬리안 전통에서 정의는 신학적인 범위의 한쪽 끝과 같은 특성이 아니다. 정의는 웨슬리안 영성의 진실한 모범들에 대한 공유된 열정이다.

결론

웨슬리안 전통을 포함한 전통들은 커다란 관심과 고군분투함 없이는 지속되지 않는다. 전통은 그것이 얼마나 진실한가, 또는 얼마나 풍부한가에 상관없이 새로운 시대와 도전에 대하여 자기-설명적이 아니다. 웨슬리안 전통에 있는 모든 세대의 지도자들은 새롭게 웨슬리안 유산의 의미를 발견해야 한다. 그것이 오늘날 우리의 과제다.

웨슬리안 운동이 웨슬리 자신이 상상할 수 있었던 것보다도 더 좋은 결과를 이룬 것은 사실이다. 그러나 웨슬리안 유산의 위대한 힘은 어느 역사적 기간 동안의 성공이나 실패에 달려 있지 않다. 오히려 하이젠라터가 잘 정리한 것처럼, 웨슬리안 유산은 자신의 생명력을 "영적인 순례의 역동적인 이미지"에서 취한다. 웨슬리안 순례를 "그들이 생명에서 죽음으로, 새로운 탄생에서 영생으로, 두려움에서 기쁨으로, 의심에서 확신으로 움직이는 것처럼, 하나님과 그들 자신을 이해하기 위해 함께 노력하는 사람들의 이야기"라고 설명한다.[1]

미래 세대들을 위한 웨슬리의 위대한 예는 한 지도자의 모델이 아니다. 그는 그런 것과는 거리가 멀다. 그가 계속해서 보여 주는 예는 이와 같은 순례에 전 생애를 바친 웨슬리의 영적인 유산이다. 그는 죽음의 순간까지 은총 안에서의 성장(성화), 영혼의 평화, 하나님과의 연합, 그리고 사랑에서의 완전의 성장을 계속해서 추구하였다.

말년에 웨슬리는 영국의 선구자적인 감리교회 설교자 엘렌 그레턴

(Ellen Gretton)에게 편지를 썼다. 이 내용은 또한 웨슬리안 영성에서 충실한 새 세대의 지도자들이 되려 하는 우리에게도 이야기한다:

> 나는 당신이 [하나님의] 왕국의 조성을 수행하기 위해 모든 방법들을 다 동원하여 하나님을 향한 새로운 열정과 새로운 활력을 찾을 것이라고 믿습니다. … 겸손히 그리고 꾸준히 완전을 향해 계속해서 나아가시오. … 2)

웨슬리안 영성의 현시대의 상속자들인 우리가 직면하는 질문은 "우리가 과거의 미래적인 가치를 창출할 수 있는가?" 하는 것이다.

새로운 비전이 없으면, 미래는 밝지 않다. 예를 들어 21세기 첫 십 년 동안처럼 연합감리교회 교인이 계속 감소한다면, 인구비율로 볼 때 교인들은 19세기의 처음 십 년과 같은 수준으로 떨어지게 될 것이다. 만약 교인들이 계속 안쪽만 바라본다면, 성서적인 거룩함을 널리 퍼뜨리고 국가를 개혁하려는 위대한 열정은 단지 과거에만 살아 있게 된다.

그렇게 되어서는 안 된다.

내 희망은 웨슬리안 영성의 새로운 리더십이 젊은이와 노인, 신참과 고참에게 나타나서 새로운 비전과 새로운 삶이 생기는 것이다. 나의 기도는 우리가 모두 함께 일할 때, 미래는 과거의 가치가 될 뿐만 아니라, 이전보다 훨씬 더 신실하게 될 것이라는 것이다.

새로운 비전들이 나타날 것만 같던 것은 정말 어려운 시기를 맞았다. 느헤미야와 그의 백성이 성벽을 재건하기 위해 하나가 된 것은 절망의 시기였다. 하박국 선지자가 믿음으로 의롭게 살아야 한다는 비전을 찾고 받은 것도 몇 백 년의 고통을 겪은 후였다. 생명을 부인하는 현실의 한가운데에서 예수께서 모든 사람들이 풍성한 삶을 살게 될 것이라는 비전을 선포한 것이었다.

미래의 어느 날에 총회에서 한 연설자가 다음과 같이 말하고, 모든 사람들이 그 진리를 바로 깨닫고 고개를 끄덕인다면, 그것이 복이 아닐까?

최근 연합 감리교를 회상할 때 유일하게 적합한 묘사가 얼마 전 두아디라 교회에게 쓴 글 속에 있다. "내가 네 사업과 사랑과 믿음과 섬김과 인내를 아노니 네 나중 행위가 처음 것보다 많도다."(계 2:19 NEB)

주

들어가는 말

1) Jean Miller Schmidt, "Women's History, Everyone's History," Wertsch Lectures, Saint Paul School of Theology, 1995. 오하이오 주 신시내티에서 열린 "신세계 여성" 회의에서 있었던 역사가 도널드 G. 매튜스(Donald G. Matthews)의 연설을 인용하고 있다.

2) Leander E. Keck, *The Church Confident*(Nashville: Abingdon, 1993). 16.

3) Martin E. Marty, foreword to *A Conspiracy of Goodness: Contemporary Images of Christian Mission*, by Donald E. Messer(Nashville: Abingdon, 1992), 13.

제1장 사람들과 함께 시작하다

1) Lillian Smith, *Killers of the Dream*, rev. ed.(New York: Anchor, 1963), 85.

2) Nathan O. Hatch, *The Democratization of American Christianity*(New Haven: Yale University Press, 1989), 127. 해치는 웨슬리안이 미국인들의 종교 체험에 끼친 영향에 대해 쓰고 있다.

3) Thomas Haweis, *An Impartial and Succinct History of the Rise and*

Declension and Revival of the Church of Christ(London, 1807), 2: 435~36, quoted in Albert C. Outler, *John Wesley's Sermons: An Introduction*(Nashville: Abingdon, 1991), 18.

4) Barbara Brown Taylor, *When God Is Silent*(Cambridge, Mass.: Cowley, 1998), 93, 98.

5) William Warren Sweet, *Religion on the American Frontier, 1783~1840*, Vol. 4, *The Methodists*(Chicago: University of Chicago Press, 1946), 51.

6) Hatch, *Democratization*, 127.

7) Mary Parker Follett, *The New State*(New York: Longmans, Green and Company, 1923), 218.

8) Robert Wuthnow, *The Crisis in the Churches: Spiritual Malaise, Fiscal Woe*(New York: Oxford University Press, 1997), 5.

9) C. Kirk Hadaway and David A Roowzen, *Rerouting the Protestant Mainstream: Sources of Growth and Opportunities for Change*(Nashville: Abingdon, 1995), 35.

제2장 사람들을 따르다

1) Nathan O. Hatch, *The Democratization of American Christianity*(New Haven: Yale University Press, 1989), p.89.

2) Carl Bangs, "The Strangeness of American Methodism: An Essay in Historical Theology," 1998년 4월 2일 세인트 폴 신학교에서 한 강의.

3) Hatch, *Democratization*, 89.

4) 이러한 입장이 우세하기는 하였지만 이의도 있었다. "감리교 지방 순회 전도자들에게는 새로운 사회의 항구 도시 성장이 특별한 도전이었다. 모든 감리교인들이 애즈베리처럼 도시에서는 감리교가 성장할 수 없다거나, 감리교 메시

지가 농촌에서 더 잘 전달될 것이라고 생각한 것은 아니었다." Doris Elisabeth Andrews, "Popular Religion and the Revolution in the Middle Atlantic Ports: The Rise of the Methodists, 1770~1800"(Ph. D. diss., University of Pennsylvania, 1986), 270.

5) William Henry Williams, *The Garden of American Methodism: The Delmarva Peninsula, 1769~1820*(Wilmington, Del.: Scholarly Resources, 1984), 91~92.

6) *Western Christian Advocate*, 6 January 1843, D. R. MacAnally, *History of Methodism in Missouri*(St. Louis: Advocate Publishing House, 1981) 1: 173.

7) 약간 변동이 있기는 하였으나 1850년에서 1950년까지 이러한 모양에 가깝게 유지되었다.

8) Doris Kearns Goodwin, *No Ordinary Time: Franklin and Eleanor Roosevelt: The Home Front in World War II*(New York: Simon & Schuster, 1994), 43, 624

9) Sam Roberts, *Who We Are: A Portrait of America Based on the Later U. S. Census*, rev. ed.(New York: Times Books, 1995), 9, 116.

10) Ibid., 9.

11) Barbara Crossette, "The Return of the City-State," *New York Times*, 2 June 1996, E4.

12) Jon Margolis, "The Reopening of the Frontier," *New York Times Magazine*, 15 October 1995, 52.

13) Ibid.

14) Joel Kotkin, "In America, the Middle Class Heads for the Hills," *International Herald Tribune*, 14 March 1996.

15) 이것은 인종주의 차원에서 일어난 이주다. 백인들이 주로 이렇게 시골 이주를 하였다. 따라서 국가가 크게 변한다는 것은 다른 지역은 변하지 않거나, 혹은 실제로 별 변화가 없는 동안 국가의 일부분에서 일어나는 변화다.

Steven A. Holmes, "Leaving the Suburbs for Rural Areas," *New York Times*, 19 October 1997.

16) Kotkin, "Middle Class Heads for the Hills."

17) David S. Broder, "Inner-City Squeeze," *Washington Post*, 26 June 1996, A21.

제3장 섬김에 초점을 두다

1) William Golding, *The Spire*(London: Faber and Faber, 1964), 220.

2) Edward F. Wimberly and Anne Streaty Wimberly, quoted in James O. Stallings, *Telling the Story: Evangelism in Black Churches*(Valley Forge, Pa.: Judson, 1988), 59.

3) Maria Harris, *Fashion Me a People: Curriculum in the Church* (Louisville: Westminster/John Knox, 1989), 146.

4) Letty M. Russell, *Human Liberation in a Feminist Perspective: A Theology*(Philadelphia: Westminster, 1974), 143, 140, 142, 145. For a different perspective, see Jacquelyn Grant, "The Sin of Servanthood and the Deliverance of Discipleship," in *A Troubling in My Soul: Womanist Perspectives on Evil and Suffering*, ed. Emilie M. Townes (Maryknoll, N.Y.: Orbis, 1993), 199~218; and "Servanthood Revited: Womanist Explorations of Servanthood Theology," in *The Papers of the Henry Luce III Fellows in Theology*, ed. Jonathan Strom(Atlanta: Scholars Press; 1997), 2:25~41.

5) Richard Bondi, *Leading God's People: Ethics for the Practice of Ministry*(Nashvlle: Abingdon, 1989), 41~42.

6) Albert C. Outler, *Evangelism in the Wesleyan Spirit*(Nashville: Tidings, 1971), 103, 104.

7) Archbishop William Temple은 "하나님은 기독교에 우선 관심을 가지고 있다고 생각하는 것은 오해다."라고 말한다.

제4장 가난한 사람들을 특별히 기억하다

1) *The Letters of the Rev. John Wesley*, A. M., ed. John Telford(London: Epworth, 1931), 7: 23~24.

2) Jim Wallis, sermon at Wesley Theological Seminary, Washington, D.C., 1992, quoted in Steven W. Manskar, "Good News to the poor?"(Nashville: General Board of Discipleship, n.d.), 19.

3) *The Works of John Wesley*, Bicentennial Edition, vol. 2, ed. Albert C. Outler(Nashville: Abingdon, 1985), 295.

4) Theodore W. Jennings, Jr., *Good News to the Poor: John Wesley's Evangelical Economics*(Nashville: Abingdon, 1990), 53~54.

5) Ibid., 71.

6) *The Works of John Wesley*, Bicentennial Edition, vol. 19, ed. W. Reginald Ward and Richard P. Heitzenrater(Nashville: Abingdon, 1990), 46. 웨슬리의 일지에 이러한 불편함이 분명히 기록되어 있다. "오후 네 시경, 나는 수치스러움을 감수하면서까지 도시에 인접한 큰 공터의 약간 높은 곳에서 거의 3,000명 되는 사람들에게 복된 구원의 소식을 전하였다."

7) Donald W. Dayton, "'Good News to the Poor': The Methodist Experience After Wesley," in *The Portion of the Poor: Good News to the Poor in the Wesleyan Tradition*, ed. M. Douglas Meeks(Nashville: Kingswood, 1995), 68.

8) Albert C. Outler, "John Wesley as Theologian—Then and Now," in *The Wesleyan Theological Heritage: Essays of Albert C. Outler*, ed. Thomas C. Oden and Leicester R. Longden(Grand Rapids:

Zondervan, 1991), 62.

9) *The Works of John Wesley*, Bicentennial Edition, vol. 21, ed. W. Reginald Ward and Richard P. Heitzenrater(Nashville: Abingdon, 1992), 233.

10) Keneth L. Carder, "Proclaiming the Gospel of Grace," in *Theology and Evangelism in the Wesleyan Heritage*, ed. James C. Longan (Nashville: Kingswood, 1994), 85.

11) Nathan O. Hatch, *The Democratization of American Christianity*(New Haven: Yale University Press, 1989), 127, 93, 89.

12) Ibid., 93.

13) Ibid., 193, 195.

14) *The Journal and Letters of Francis Asbury*, ed. Elmer T. Clark (Nashville: Abingdon, 1958), 2: 687.

15) Hatch, *Democratization*, 202.

16) Outler, "Methodism in the World Christian Community," in *The Wesleyan Theological Heritage*, 247.

17) Hatch, *Democratization*, 205.

18) Daniel A. Payne, *The Semi-Centenary and Retrospection of the African Methodist Episcopal Church*(Baltimore: Sherwood, 1866), 6, quoted in Dayton, "Good News to the Poor" 77~78.

19) B. T. Roberts, "Free Churches," *The Earnest Christian 1*(January 1860): 6, quoted in Dayton, "Good News to the Poor," 84.

20) Carl Bangs, *Phineas F. Bresee: His Life in Methodism, the Holiness Movement, and the Church of the Nazarene*(Kansas City, Mo.: Beacon Hill, 1995), 197.

21) Roger Finke and Rodney Stark, *The Churching of America, 1776~1990: Winners and Losers in Our Religious Economy*(New Brunswick, N. J.: Rutgers University Press, 1992), 153. 자유 감리교인들

의 출발을 언급하고 있다.

22) John W. Gardner, *National Renewal*(joint publication of Independent Sector and the National Civic League, 1995), 1.

23) Carder, "Proclaiming the Gospel of Grace," 91.

24) Sam Roberts, *Who We Are: A Portrait of America based of the Latest U. S. Census, rev. ed.*(New York: Times Books, 1995), 141, 145.

25) Dayton, "Good News to the Poor," 67, 70. 제닝스(Jennings)의 「*Good News to the Poor*」와는 다소 다른 해석을 보임.

26) Ibid., 86.

제5장 다원화된 리더십을 행하다

1) Mary Parker Follett, *Dynamic Administration*(New York: Harper, 1941), 286; Max Depree, *Leadership Is An Art*(1987; reprint, New York: Doubleday, 1989), 39~44; Letty M. Russell, *Growth in Partnership* (Philadelphia: Westminster, 1981), 36~37.

2) Thomas A. Langford, *Practical Divinity*, rev. ed., vol. 1, *Theology in the Wesleyan Tradition*(Nashville: Abingdon, 1998), 14.

3) Richard P. Heitzenrater, *Wesley and the People Called Methodists* (Nashville: Abingdon, 1995), 115.

4) *Autobiography of Peter Cartwright*(1856; reprint, Nashville: Abingdon, 1984), 63~64.

5) Bishop Ann B. Sherer, Stover-Ward Lecture on United Methodism, Saint Paul School of Theology, November 11, 1993.

6) Nathan O. Hatch, *The Democratization of American Christianity*(New Haven: Yale University Press, 1989), 85.

7) Jean Miller Schmidt, "Grace Sufficient for Our Day," Iliff School of Theology Opening Convocation Address, 1989~90.

8) Paul W. Chilcote, *She Offered Them Christ: The Legacy of Women Preachers in Early Methodism*(Nashville: Abingdon, 1993), 11.

9) Ibid., 22.

10) Ernst Troeltsch, *The Social Teaching of the Christian Churches*(New York: Macmillan, 1931), 2: 724.

11) Albert C. Outler, "John Wesley as Theologian–Then and Now," in *The Wesleyan Theological Heritage: Essays of Albert C. Outler*, ed. Thomas C. Oden and Leicester R. Longden(Grand Rapids: Zondervan, 1991), 62.

12) Annie Dillard, *Pilgrim at Tinker Creek*(New York: Harper's Magazine Press, 1974), 34.

13) "1790년까지 감리교 감독교회의 흑인 회원 수는 전체회원 576,000명의 1/5 정도인 11,682명이었다. 1800년 이 숫자는 미국 감리교 인구의 거의 1/3에 달하는 18,659명으로 증가하였다." Doris Elisabeth Andrews, "Popular Religion and the Revolution in the Middle Atlantic Ports: The Rise of the Methodists, 1770~1800"(Ph. D. diss., University of Pennsylvania, 1986), 218.

14) William B. McClain, *Black People in the Methodist Church: Whither Thou Goest?*(1984; reprint, Nashville: Abingdon, 1995), 40.

15) 인종과 감리교에 대한 이러한 설교자들과 또 다른 중요한 주제들에 관한 수준 높은 연구에 대해서는 맥클레인(McClain)의 「*Black People in the Methodist Church*」와 "African American Methodists: A Remnant and a Reminder," in Connectionalism: Ecclesiology, Mission, and Identity, ed. Russell E. Richey, Dennis M. Campbell, and William B. Lawrence (Nashville: Abingdon, 1997), 77~91을 참고하라.

16) Chilcote, *She Offered Them Christ*, 34.

17) Heitzenarater, *Wesley and the People Called Methodists*, 106.

18) Letty M. Russell, *Church in the Round: Feminist Interpretation of the Church*(Louisville: Westminster/John Knox, 1993), 56.

19) James M. Kouzes and Barry Z. Posner, *The Leadership Challenge: How to Get Extraordinary Things Done in Organizations*, 2nd ed.(San Francisco: Jossey-Bass, 1995), xx.

제6장 중앙과 주변부에서 인도하다

1) Ernst Troeltsch, *The Social Teaching of the Christian Churches*(New York: Macmillan, 1931), 2: 724.

2) See Kirbyjon Caldwell in Neil M. Alexander, "Breaking the Rules of Worship: Conversations with Two Pastors," *Circuit Rider* 18, no. 10(December 1994/January 1995): 16; and James F. White, Stover-Ward Lecture on United Methodism, Saint Paul School of Theology, November 6, 1997. 화이트는 오늘날과 비교하여 "웨슬리는 이러한 몇몇 교회에서 나타난 기독교의 예배 전통을 존중하기 위해 교회를 성장시키려는 노력에 칭찬을 아끼지 않았다."고 말한다.

3) Robert C. Neville, "Truth and Tradition," in *Truth and Tradition: A Conversation About the Future of United Methodist Theological Education*, ed. Neal F. Fisher(Nashville: Abingdon, 1995), 48. 웨슬리는 복음화와 관련한 전통에 대해서 "기독교 전통은 위험을 무릅써서라도 복음을 가지고 새로운 사람들에게 다가갈 만큼 강하다."고 생각하였다.

4) Lyman Beecher, *An Address to the Charitable Society for the Education of Indigent Pious Young Men for the Ministry of the Gospel*(New Haven, 1814), 7, quoted in Nathan O. Hatch, *The Democratization of American Christianity*(New Haven: Yale University Press, 1989), 18.

5) Hatch, *Democratization*, 46.

6) *The Journal and Letters of Francis Asbury*, ed. J. Manning Potts (Nashville: Abingdon, 1958), 3:164, quoted in Hatch, *Democratization*, 89; Hatch, *Democratization*, 85; Francis Asbury, *The Arminian Magazine 7*(1784): 681, quoted in Hatch, *Democratization*, 85.

7) William Warren Sweet, *Religion on the American Frontier, 1783~1840*, vol. 4, *The Methodist*(Chicago: University of Chicago Press, 1946), 3, 29.

8) *The Works of the Rev. John Wesley, A. M.*, ed. Thomas Jackson, 3rd ed.(London: John Mason, 1831), 7:290, quoted in Donald W. Dayton, "'Good News to the Poor': The Methodist Experience After Wesley," in *The Portion of the Poor: Good News to the Poor in the Wesleyan Tradition*, ed. M. Douglas Meeks(Nashville: Kingswood, 1995), 70.

9) Peter Cartwright, *Autobiography of Peter Cartwright*(1856; reprint, Nashville: Abingdon, 1984), 64.

10) William Warren Sweet, *Methodism in American History*(New York: Methodist Book Concern, 1933, 337~38, quoted in Roger Finke and Rodney Stark, *The Churching of America, 1776~1990: Winners and Losers in Our Religious Economy*(New Brunswick, N. J.: Rutgers University Press, 1992), 160.

11) Quoted in Jean Miller Schmidt, "Reexaming the Public/Private Split: Reforming the Continent and Spreading Scriptural Holiness," in *Perspectives on American Methodism: Interpretive Essays*, ed. Russell E. Richey, Kenneth E. Rowe, and Jean Miller Schmidt (Nashville: Kingswood, 1993), 233.

12) George R. Crooks, *The Life of Bishop Matthew Simpson*(New York: Harper and Bros., 1891), 395ff.

13) Clarence True Wilson, *Matthew Simpson: Patriot, Preacher, and*

Prophet(New York: Methodist Book Concern, 1929), 75.

14) Crooks, *Bishop Matthew Simpson*, 403.

15) Ibid., 507.

16) Robert Wuthnow, *The Restructuring of American Religion: Society and Faith Since World War II*(Princeton: Princeton University Press, 1988); Martin Marty, foreword to *Understanding Church Growth and Decline, 1950~1978*, ed. Dean R. Hoge and David A. Roozen(New York: Pilgrim, 1979), 10; *Harvey Cox, Harvard Business Review 72*, no. 3(May~June 1994): 144.

17) Warren Carter, "For the Little Ones Matthew from and on the Margins," Inaugural Lecture, Lindsey P. Pherigo Chair in New Testament, Saint Paul School of Theology, April 11, 1996.

18) William R. Hutchison, ed., *Between the Times: The Travail of the Protestant Establishment in America, 1900~1960*(Cambridge: Cambridge University Press, 1989), vii.

19) Walter Brueggemann, *Cadences of Home: Preaching Among Exiles* (Louisville: Westminster /John Knox, 1997). 이것은 성서의 취지에서 볼 때, 미국 주요 교회들의 현재 상황을 설명하기에는 조심스럽지만 접근하기 쉬운 방법이다.

20) C. Kirk Hadaway and David A. Roozen, *Rerouting the Protestant Mainstream*(Nashville: Abingdon, 1995), 112.

21) Richard Bondi, *Leading God's People: Ethics for the Practice of Ministry*(Nashville: Abingdon, 1989), 17, 71; Rosita deAnn Mathews, "Using Power Ministry the Periphery," in Emilie M. Townes, ed., *A Troubling in My Soul: Womanist Perspectives on Evil and Suffering* (Maryknoll, N.Y.: Orbis, 1993), 105.

22) Bondi, *Leading God's People*, 17.

23) Ibid., 71.

24) Carter, "For the Little Ones."

25) Gerald Early, "Martin Luther King and the Middle Way," *Christian Century* 113, no. 25(August 28~September 4, 1996): 816~20; "요컨대 마틴 루터 킹은 흑인과 백인의 중간자로, 흑인 인종주의와 흑인 보수주의 사이의 중간자로 섬겼다." 817.

26) Dayton, "Good News to the Poor," 71.

27) L. Gregory Jones, "Theology for the Third Millennium," *Duke Divinity News and Views 13*, no. 2(Winter 1998): 5.

28) Christine Leigh Heyrman, *Southern Cross: The Beginnings of the Bible Belt*(New York: Knopf, 1997). Quotation is from an interview with the author, "Before the Bible Belt," by *Dallas Morning News*, 21 June 1997.

제7장 긴장 속에서 살다

1) Richard P. Heitzenrater, *Mirror and Memory: Reflections on Early Methodist History*(Nashville: Kingswood, 1989), 56; *Wesley and the People Called Methodists*(Nashville: Abingdon, 1995), 321.

2) Clarence True Wilson, *Matthew Simpson: Patriot, Preacher, Prophet*(New York: Methodist Book Concern, 1929), 39.

3) Ralph Ellison, *Invisible Man*(New York: Modern Library, 1994), 570.

4) Robert Bellah, Slter-willson Lecture, Saint Paul School of Theology, 1976.

5) Albert C. Outler, "John Wesley as Theologian—Then and Now," in *The Wesleyan Theological Heritage: Essays of Albert C. Outler*, ed. Thomas C. Oden and Leicester R. Longden(Grand Rapids: Zondervan, 1991), 58.

6) Albert C. Outler, "A New Future for Wesley Studies: An Agenda for 'Phrase III,'" in *The Wesleyan Theological Heritage*, 135~36.

7) Heitzenrater, *Mirror and Memory*, 56.

8) Ibid.

9) Mary Elizabeth Mullino Moore, "Poverty, Human Depravity, and Prevenient Grace," *Quarterly Review* 16, no. 4(Winter 1996~1997): 356~57.

10) Albert Outler, *John Wesley's Sermons: An Introduction*(Nashville: Abingdon, 1991), 22, quoting Josiah Tucker, *A Brief History of the Principles of Methodism*(Oxford, 1742), 39.

11) James C. Logan, "The Evangelical Imperative: A Wesleyan Perspective," in *Theology and Evangelism in the Wesleyan Heritage* (Nashville: Kingswood, 1994), 19.

12) Mary Elizabeth Mullino Moore, "To Search and to Witness: Theological Agenda of Georgia Harkness," *Quarterly Review* 13, no. 3(1993): 16.

13) Georgia Harkness, *Understanding the Christian Faith*(New York: Abingdon–Cokesbury, 1947), 49, quoted in Rosemary Skinner Keller, *Georgia Harkness: For Such a Time as This*(Nashville: Abingdon, 1992), 247.

14) Mary Parker Follett, *Creative Experience*(New York: Longmans, Green and Company, 1924), 156, 162, 163.

15) Ibid., 174.

16) Ibid., 163.

17) Letty M. Russell, *Growth in Partnership*(Philadelphia: Westminster, 1981), 34~35.

18) Outler, "John Wesley as Theologian," 58.

19) James C. Collins and Jerry I. Porras, *Built to Last: Successful Habits*

of Visionary Companies(New York: Harper Business, 1994), 43~44. 뉴튼 말로니(H. Newton Malony)의 *Living with Paradox: Religious Leadership and the Genius of Double Vision*(San Francisco: Jossey-Bass, 1998)은 이러한 종교 리더십에 대한 접근에 도움이 된다.

20) Barbara Brown Taylor, Yale Divinity School *Reflections*(Summer-Fall, 1993): 11.

제8장 포용하려고 애쓰다

1) Mary Parker Follett, *The New State*(New York: Longmans, Green and Company, 1923), 36~37.

2) Mary Parker Follett, *Creative Experience*(New York: Longmans, Green and Company, 1924), 274.

3) Georgia Harkness, *Understanding the Christian Faith*(New York: Abingdon Cokesbury, 1947), 49, quoted in Rosemary Skinner Keller, *Georgia Harkness: For Such a Time as This*(Nashville: Abingdon, 1992), 247.

4) Mary Elizabeth Mullino Moore, "Poverty, Human Depravity, and Prevenient Grace," *Quarterly Review* 16, no.4(Winter 1996~97): 357.

5) Albert C. Outler, "A New Future for Wesley Studies: An Agenda for 'Phase III,'" in *The Wesleyan Theological Heritage: Essays of Albert C. Outler*, ed. Thomas C. Oden and Leicester R. Longden(Grand Rapids: Zondervan, 1991), 135~36.

6) "Congregations in the Midst of Change: An Interview with Nancy Ammerman," *Christian Century* 114, no. 2(15 January 1997): 50.

7) Kenneth L. Carder, *Living Our Beliefs: The United Methodist Way*(Nashville: Discipleship Resources, 1996), 4.

8) *The Works of John Wesley*, Bicentennial Edition, vol. 7, ed. Franz Hildebrandt(Nashville: Abingdon, 1989), 117, quoted in Albert Outler, *John Wesley' Sermons: An Introduction*(Nashville: Abingdon, 1991), 28.

9) Nathan O. Hatch, "The Puzzle of American Methodism," in *American Church History: A Reader*, ed. Henry Warner Bowden and P. C. Kemeney(Nashville: Abingdon, 1998), 284.

10) *Love Letters from Cell 92: The Correspondence Between Dietrich Bonhoeffer and Maria von Wedemeyer 1943~1945*, ed. Ruth-Alice von Bismarck and Ulrich Kabitz trans. John Brownjohn(Nashville: Abingdon, 1992), 229.

11) David A. Roozen and C. Kirk Hadaway, "Individuals and the Church Choice," in *Church and Denominational Growth*, ed. David A. Roozen and C. Kirk Hadaway(Nashville: Abingdon, 1995), 249.

12) Joel Kotkin and Yoriko Kishimoto, *The Third Century: America's Resurgence in the Asian Era*(New York: Crown, 1988), 1~2.

13) Steven A. Holmes, "Hispanics Dominate Shift in U.S. Population," *International Herald Tribune*, 15 March 1996, 1, 10. "More Than a Question of Black and White," *American Demographics*, Black Americans Reprint Package(1994), 3, 5.

14) Holmes, "Hispanics Dominate Shift," 1, 10.

15) Robert Samuelson, "How Immigration Blurs U.S. Snapshot," *Richmond Times-Dispatch*, 5 August 1996, A9.

16) Kotkin and Kishimoto, *The Third Century*, 2.

17) Sam Roberts, *Who We Are: A Portrait of America Based on the Latest Census*, rev. ed.(New York: Times Books, 1995), 63.

18) Joel Kotkin, "In America, the Middle Class Heads for the Hills," *International Herald Tribune*, 14 March 1996.

19) Holmes, "Hispanics Dominate Shift in U.S. Population," 10.

20) C. Kirk Hadaway, "Church Growth in North America: The Character of a Religious Marketplace," *in Church and Denominational Growth*, 351.

21) Follett, *Creative Experience*, 162.

22) "A Conversation with Tex Sample and Emilie Townes," *Alive Now* 25, no.5(September /October1995): 20.

23) Letty M. Russell, *Growth in Partnership*(Philadelphia: Westminster, 1981), 34~35.

24) Frederick Buechner, *Telling Secrets*(San Francisco: Harper, 1991), 58~59.

25) Carl S. Dudley, "Pluralism as an Ism," Christian Century 110, no. 30(27 October 1993): 1041.

제9장 "서로를 잇는" 사건을 만들다

1) Dennis M. Campbell, "A Conversation with Dennis Campbell and Russell Richey," *Initiatives in Religion*(Lilly Endowment, Inc.) 4, no. 1(Winter 1995): 4. "Reconnecting Methodism: Our Theological Task," *Circuit Rider* 20, no. 9(November 1996): 6.

2) Campbell, "Reconnecting Methodist," 7.

3) Russell E. Richey, "Twins: The Local Church and Denominational Bureaucracy," *Leadership Letters*(Duke Divinity School) 1, no. 5(30 July 1995).

4) Richey, "Twins," 2.

5) Ibid.

6) Russell E. Richey, *The Methodist Conference in America: A History* (Nashville: Kingswood, 1996), 182; "Vital Connectionalism," *Circuit*

Rider 20, no. 9(November 1996): 17.

7) Russell E. Richey, "Vital Connectionalism," 17~19. 이 원칙들과 관계주의에 대한 폭넓은 설명을 원하면 *Connectionalism: Ecclesiology, Mission, and Identity*, ed. Russell E. Richey, Dennis M. Campbell, and William B. Lawrence(Nashville: Abingdon, 1997), 특히 리치가 쓴 서문을 보라.

8) Richey, "Twins," 6.

9) Campbell, "Reconnecting Methodism," 7.

10) A. Gregory Schneider, *The Way of the Cross Leads Home: A Domestication of American Methodism*(Bloomington: Indian University Press, 1993), xiii.

11) Rosabeth Moss Kanter, "Ourselves Versus Ourselves," *Havard Business Review* 70, no.3(May–June 1992): 10.

12) Ibid.

13) Ibid.

14) See Richard P. Heitzenrater, "Connectionalism and Ininerancy: Wesleyan Principles and Practice," in *Connectionalism: Ecclesiology, Mission, and Identity*, 23~38. 위 내용은 35쪽에서 인용한 것이다.

15) Kanter, "Ourselves," 10.

제10장 하나님을 알다

1) *The Works of John Wesley*, Bicentennial Edition, vol. 1, ed. Albert C. Outler(Nashville: Abingdon, 1984), 691.

2) Quoted in James I. Packer, introduction to *The Reformed Pastor* by Richard Baxter(1656; 5th abridged edition, 1862; reprint, Edinburgh: Banner of Truth Trust, 1974), 9, 15.

3) Baxter, Reformed Pastor, 14, 53, 54; *The Letters of the Rev. John*

Wesley, A.M., ed. John Telford(London: Epworth, 1931), 1: 301.

4) *The Works of John Wesley*, Bicentennial Ed., vol. 1, 408, 413.

5) Will D. Cambell, *Forty Acres and a Goat*(San Francisco: Harper and Row, 1988), 154~59.

6) *The Lutheran Book of Worship*(Minneapolis: Augsburg, 1978), 137.

7) Langston Hughes, "Let America Be America Again," *The Poetry of the Negro, 1746~1970*, ed. Langston Hughes and Arna Bontemps (New York: Doubleday, 1970), 195.

8) Letty M. Russell, *Human Liberation in a Feminist Perspective: A Theology*(Philadelphia: Westminster, 1974), 143.

9) *John Wesley's Commentary on the Bible*, ed. G. Roger Schoenhals (Grand Rapids: Zondervan, 1990), 507.

10) Deborah Baldwin,"The Doctor Is In," *Common Cause* 68(May/June 1988): 28.

11) William Mckinney, *Bulletin*(Pacific School of Religion) 75, no. 1(Fall 1996).

12) *The Lutheran Book of Worship*, 137.

제11장 그리스도를 선포하다

1) John Wesley, "The Law Established Through Faith, Discourse II" in *The Works of John Wesley*, Bicentennial Edition, vol. 2, ed. Albert C. Outler(Nashville: Abingdon, 1985), 37.

2) 이것은 누군가가 후저에게 당신은 읽고 쓸 줄 모르지 않느냐고 물을 때 한 대답이라고 한다. Quoted in William B. McClain, *Black People in the Methodist Church: Whither Thou Goest?*(1984; reprint, Nashville: Abingdon, 1995), 42.

3) *The Works of the Rev. John Wesley*, A.M., ed. Thomas Jackson, 3rd ed.(London: John Mason, 1831), 8: 310.

4) Ibid.

5) Ibid., 13 418.

6) William McKinney, *Bulletin*(Pacific School of Religion) 75, no. 1(Fall 1996).

7) Ibid.

8) C. K. Barrett, *A Commentary on the First Epistle to the Corinthians* (New York: Harper & Row, 1968), 95.

9) Thomas G. Long, "Preaching About Hope," lecture at Central Baptist Theological Seminary, 1996.

10) Peter Schmiechen, Christ the Reconciler: *A Theology for Opposites, Differences, and Enemies*(Grand Rapids: Eerdmans, 1996), 89.

11) Albert C. Outler, *John Wesley's Sermons: An Introduction*(Nashville: Abingdon, 1991), 104.

12) James C. Logan, "The Evangelical Imperative: A Wesleyan Perspective," in *Theology and Evangelism in the Wesleyan Heritage* (Nashville: Kingswood, 1994), 17.

13) Walter Brueggemann, Biblical Perspectives on Evangelism: Living in a Three Storied Universe(Nashville: Abingdon, 1993), 90.

14) Ibid., 14.

15) Ibid., 15.

16) Georgia Harkness, *The Gospel and Our World*(New York: Abingdon, 1949), 24, quoted in Rosemary Skinner Keller, *Georgia Harkness: For Such a Time as This*(Nashville: Abingdon, 1992), 246.

17) Harkness, *Gospel and Our World*, 14~15, quoted in Keller, *Georgia Harkness*, 246.

18) Leander E. Keck, *The Church Confident*(Nashville: Abingdon,

1993), 117.

19) McClain, *Black People in the Methodist Church*, 51~54.

제12장 정의를 추구하다

1) *The Works of the Rev. John Wesley*, A. M., ed. Thomas Jackson, 3rd ed.(London John Mason, 1831), 14: 321.

2) Kenneth E. Boulding, *Religious Perspectives of College Teaching in Economics*(New Haven: Edward W. Hazen Foundation, n.d.), 18, quoted in S. Paul Schilling, *Methodism and Society in Theological Perspective*(Nashville: Abingdon, 1960), 64. Wilberforce quoted in Albert C. Outler, *Willson Lectures*(Washington, D.C.: Wesley Theological Seminary, 1973), 15.

3) William B. McClain, *Black People in the Methodist Church: Whither Thou Goest?*(1984; reprint, Nashville: Abingdon, 1995), 4~5.

4) *Extracts of the Journals of the Late Rev. Thomas Coke*(Dublin: Methodist Book-Room, 1816), 74, quoted in Donald E. Messer, "Where Do We from Here?" in *Send Me? The Itineracy in Crisis* (Nashville: Abingdon, 1991), 160; *McClain, Black People in the Methodist Church*, 56.

5) See Donald W. Dayton, *Discovering an Evangelical Heritage*(New York: Harper & Row, 1976), 73~77.

6) James S. Thomas, *Methodism's Racial Dilemma: The Story of the Central Jurisdiction*(Nashville: Abingdon, 1992), 43.

7) Donald W. Dayton, "'Good News to the Poor': The Methodist Experience After Wesley," in *The Portion of the Poor: Good News to the Poor in the Wesleyan Tradition*, ed. M. Douglas Meeks(Nashville:

Kingswood, 1995), 79.

8) Gloria Yamato, "Something About the Subject Makes It Hard to Name," in *Race, Class, and Gender: An Anthology*, 2nd ed.(Belmont, Calif: Wadsworth, 1995), 72.

9) Jonathan Kozol, *Savage Inequalities: Children in America's Schools* (New York: Crown, 1991), 90, 106.

10) Martin Luther King, Jr., *Stride Toward Freedom*(New York: Harper & Row, 1958), 19.

11) Joel Kotkin, "In America, the Middle Class Heads for the Hills," *International Herald Tribune*, 14 March 1996.

12) Ibid.

13) Joel Kotkin, *Tribes: How Race, Religion, and Global Identity Determine Success in the New Global Economy*(New York: Random House, 1993), 3.

14) Ibid.

15) Ibid., 3~4.

16) Ibid., 4.

17) Richard P. Heitzenrater, *Wesley and the People Called Methodists* (Nashville: Abingdon, 1995), 321.

18) Reinhold P. Heitzenrater, "Theology and Political Thought in the Western World," in *Faith and Politics*, ed. Ronald Stone(New York: George Braziller, 1968), 55, quoted in Robin W. Lovin, *Reinhold Niebuhr and Christian Realism*(Cambridge: Cambridge University Press, 1995), 48; Rebecca S. Chopp, *Saving Work*(Louisville: Westminster/John Knox, 1995), 64.

19) Claude H. Thompson, "Reflections on Dallas," *Mississippi United Methodist Advocate*, 6 January 1971, 5.

결 론

1) Richard P. Heitzenrater, *Wesley and the People Called Methodists* (Nashville: Abingdon, 1995), 321.
2) *The Letters of the Rev. John Wesley*, A.M., ed. John Telford(London: Epworth, 1931), 7: 175~76, Quoted in Paul W. Chilcote, *She Offered Them Christ: The Legacy of Women Preachers in Early Methodism* (Nashville: Abingdon, 1993), 107.

웨슬리안 리더십

초판 1쇄 2007년 1월 2일

러벳 H. 윔즈 지음
원종국 옮김

발행인 | 신경하
편집인 | 김광덕
편　집 | 박영신　성민혜

펴 낸 곳 | 도서출판 kmc
등록번호 | 제2-1607호
등록일자 | 1993년 9월 4일

(100-101) 서울특별시 중구 태평로1가 64-8 감리회관 16층
　　　　　(재)기독교대한감리회 홍보출판국
대표전화 | 02-399-2008　　팩스 | 02-399-4365
홈페이지 | http://www.kmcmall.co.kr
　　　　　http://www.kmc.or.kr
전자우편 | kmcpress@chol.com

디자인 · 인쇄 | 밀알기획(02-335-6579)

값 10,000원
ISBN 89-8430-334-8　　03230